PROJETS D'UN JOUR

Projets de jardin

D1514826

Les publications
MODUS VIVENDI

Projets de jardin

STEWART WALTON

Les publications
MODUS VIVENDI

Copyright © 2006 Marshall Editions Developments Ltd

Paru sous le titre original de : *Garden Projects*

LES PUBLICATIONS MODUS VIVENDI INC.

55, rue Jean-Talon Ouest, 2ᵉ étage

Montréal (Québec) Canada

H2R 2W8

Design de la couverture : Catherine Houle

ISBN-10 2-89523-448-5

ISBN-13 978-2-89523-448-7

Dépôt légal - Bibliothèque et Archives nationales du Québec, 2006

Dépôt légal - Bibliothèque et archives Canada, 2006

Nous reconnaissons l'aide financière du gouvernement du Canada par l'entremise
du Programme d'aide au développement de l'industrie de l'édition (PADIÉ)
pour nos activités d'édition.

Gouvernement du Québec — Programme de crédit d'impôt
pour l'édition de livres — Gestion SODEC

SOMMAIRE

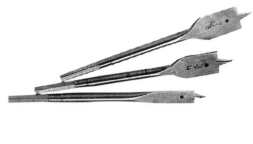

INTRODUCTION

Votre jardin se résume-t-il à une étendue d'herbe ornée d'arbustes et parsemée de quelques dalles ? Sans doute aimeriez-vous égayer votre patio ou votre terrasse, mais par où commencer ? Dans les pages qui suivent, vous découvrirez douze réalisations attrayantes, propres à embellir votre jardin pour le transformer en un merveilleux lieu de vie.

Votre jardin est encore en projet : dessinez-le autour de l'un ou de plusieurs des ouvrages présentés. En fonction de sa taille, il s'accommodera très bien de quelques réalisations. Vous avez déjà aménagé votre jardin : inspirez-vous de l'un des ouvrages pour l'embellir. Nous vous conseillons d'esquisser des plans avant de vous munir de vos outils. Observez votre jardin à différents moments de la journée : quels sont les endroits les plus exposés à la chaleur ? En est-il que le soleil d'hiver parvient à éclairer ? N'hésitez pas à faire analyser le sol afin d'établir une liste de végétaux adaptés à la nature de votre terrain. Lorsque vous aurez décidé des plantes à installer au jardin, vous serez à même de leur choisir les emplacements les mieux exposés.

Certains ouvrages passionneront le bricoleur expert comme le débutant. Travailler le bois ne vous tente guère ? Laissez-vous séduire par un **mini-bassin d'ornement**, petite pièce d'eau d'un étonnant raffinement, ne nécessitant pourtant qu'un carrelage tout simple. Vous ne souhaitez pas jouer les carreleurs ? Jetez un coup d'œil au **hamac** : aucune couture n'est nécessaire. Imaginez-vous étendu sur le hamac, à proximité de votre bassin dispensateur de fraîcheur : quiétude et farniente !

Nul besoin d'être maçon pour édifier un **barbecue en briques** ou une **plate-bande surélevée** pour vos herbes aromatiques, alliées précieuses des marinades et barbecues. Créez un jardin de rêve pour vos enfants ! Imaginez-les aborder le **bateau-bac à sable**, ou exercer leurs talents d'horticulteur grâce à une pimpante **jardinière**, décor indispensable de vos fenêtres. L'ensemble **table et bancs de pique-nique** est un ouvrage qui éveillera leur intérêt : ils seront fiers de vous aider à le peindre de couleurs vives et gaies.

Amoureux de la nature, invitez les oiseaux à de quotidiennes agapes en leur construisant une **mangeoire conique**, à poser sur un socle ou à suspendre à un arbre. Confectionnez ou achetez des boules de graines, placez des miettes de pain dans la mangeoire : les visiteurs s'y bousculeront ! Au printemps, votre **nichoir** peut faire le bonheur d'un couple de

mésanges. Enfin, pourquoi ne pas planter certains arbustes et fleurs attirant abeilles et papillons ?

Obtenez un effet structuré en ajoutant un élément architectural au paysage. Un **treillage en forme d'obélisque**, autour duquel s'enrouleront vos plantes grimpantes, voire deux treillages encadrant une étagère, donneront à votre décor une dimension géométrique. Placez à côté un **cache-pot clôture** afin d'obtenir un ensemble original. Si la pente fractionne votre jardin en plusieurs niveaux, créez une perspective en les joignant d'un **sentier pavé en gradin**. Apportez-y une touche personnelle en disposant çà et là quelques galets ou des touffes de thym odorant.

Un jardin ne saurait se résumer en un site planté de divers végétaux. Il se doit d'être un espace naturel et un havre de paix, un refuge contre le stress de la vie moderne. Quel que soit le jardin de vos rêves, ces douze ouvrages vous aideront à l'accomplir.

NOTE SUR LES PLANTES

L'aspect des ouvrages que vous projetez d'entreprendre dépendra beaucoup de celui des plantes qui les entourent : prenez grand soin d'elles. Si votre connaissance des plantes laisse à désirer, offrez-vous une bonne encyclopédie sur ce sujet ; vous y trouverez des centaines de plantes ainsi que les soins qu'il faut leur prodiguer. N'hésitez pas à y faire des recherches avant d'acheter vos végétaux (un gâchis de plantes peut s'avérer coûteux). Combinez arrosages et apports d'engrais avec quelques soins pour obtenir un jardin idéal.

NOTE SUR LES MESURES

Les mesures et les quantités données pour chaque ouvrage peuvent être adaptées en fonction des différentes tailles et surfaces. Nous vous indiquons autant que possible comment estimer la quantité de matériaux nécessaires à la réalisation de votre projet. Pensez aux bris presque inévitables lors des travaux de carrelage : achetez toujours un peu plus que nécessaire.

Vous allez entreprendre la réalisation du premier ouvrage ; faites preuve de prudence et gardez toujours à l'esprit ces consignes de sécurité élémentaires :

❖ S'il vous est suggéré de porter des vêtements de protection, observez cette consigne ; n'oubliez pas que les accidents sont une réalité de tous les jours.

❖ Débranchez toujours vos outils électriques lorsque vous ne les utilisez pas.

❖ Si vous travaillez à l'extérieur, assurez-vous que tous les câbles sont bien protégés contre la pluie et l'humidité en général.

❖ Lorsque vous travaillez avec un cutter, la main qui maintient l'objet à couper doit être à bonne distance de la main qui tient le cutter, et derrière celle-ci.

❖ Portez des lunettes de protection lorsque vous coupez le carrelage destiné au bassin d'ornement (ouvrage 5).

❖ Découpez les panneaux de contreplaqué dans une pièce bien ventilée, et portez un masque adapté.

COMMENT UTILISER CE LIVRE

Chacune des réalisations est présentée par une brève introduction.

La liste des outils et accessoires nécessaires est illustrée.

Ici figurent, au besoin, quelques informations complémentaires se rapportant à la réalisation présentée.

Les photographies assurent une compréhension sans équivoque des instructions.

Les encadrés « conseil du professionnel » sont une mine d'idées précieuses qui vous permettront d'obtenir les meilleurs résultats.

Le texte qui accompagne chaque photographie est précis et détaillé, pour un travail aussi facile qu'efficace.

Les encadrés de bas de page prodiguent diverses informations utiles sur les produits et les techniques.

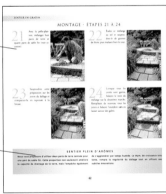

La photographie pleine page de l'objet achevé permet de visualiser de façon précise le résultat à obtenir.

Certaines réalisations comprennent une variante dont l'exécution est expliquée en détail.

Les variantes sont également illustrées par une photographie pleine page.

TREILLAGE-OBÉLISQUE

*Offrez à vos ipomées et autres clématites ce treillage original! Votre jardin s'enorgueillira
de cet ouvrage raffiné quoique d'une grande commodité : deux treillages peuvent en effet
accueillir deux étagères, où vous pourrez loger vos potées fleuries.*

MATÉRIEL

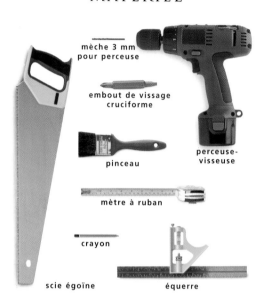

mèche 3 mm
pour perceuse

embout de vissage
cruciforme

pinceau

perceuse-
visseuse

mètre à ruban

crayon

scie égoïne

équerre

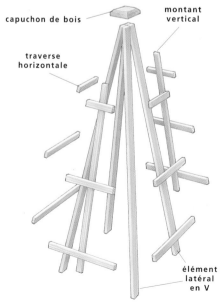

capuchon de bois

montant
vertical

traverse
horizontale

élément
latéral
en V

FOURNITURES

❖ Dix tasseaux de bois brut, traité : longueur
180 cm, section 40 × 20 mm

❖ Vis inoxydables à tête cruciforme, diamètre
6 mm, longueur 30, 40 et 50 mm

❖ Un embout de protection pour clôture
(capuchon de bois)

❖ Lasure

VARIANTE

Pour réaliser un second obélisque :

❖ Dix tasseaux de bois brut, traité : longueur
180 cm, section 40 × 20 mm

❖ Vis inoxydables à tête cruciforme, diamètre
6 mm, longueur 30, 40 et 50 mm

❖ Un embout de protection pour clôture
(capuchon de bois)

❖ Lasure

Pour chaque étagère :

❖ Cinq tasseaux de bois brut, traités :
longueur 180 cm, section 40 × 20 mm

❖ Vis inoxydables à tête cruciforme, diamètre
8 mm

NOTE

Vous trouverez dans les jardineries le bois nécessaire,
déjà traité contre l'humidité. Si tel n'est pas le cas,
protégez-le contre les intempéries et au besoin
teintez-le avant assemblage. Les différentes longueurs
de bois sont disponibles par bottes ou séparément.

PRÉPARATION - ÉTAPES 1 À 4

1 L'obélisque est formé de deux éléments latéraux, maintenus en forme de V inversé par les traverses horizontales. Pour réaliser chaque élément, superposez deux tasseaux de 1,80 m et posez-les à même le sol, puis écartez deux extrémités de 45 cm (écartement de la base). Vérifiez le bon alignement de la pointe du V, un coin du tasseau supérieur devant reposer directement sur l'autre.

2 Le sommet doit être biseauté pour obtenir une finition nette. Pour cela, maintenez fermement les deux tasseaux près de la pointe du V, en vous assurant que leur écart est toujours de 45 cm à la base. Tracez une ligne au crayon sur le tasseau posé au sol en utilisant l'autre comme règle. Répétez les étapes 1 et 2 pour le deuxième élément.

3 Fixez sur chaque V trois traverses horizontales. À partir des branches du V, mesurez et marquez à 20, 70 et 118 cm. Utilisez une équerre pour tracer sur les trois marques une ligne perpendiculaire au bord du tasseau.

4 Reportez les mesures sur les trois autres tasseaux. Au sol, alignez tous les tasseaux. À l'aide d'une équerre ou du dos de la lame de la scie égoïne, prolongez les marques sur les trois autres tasseaux (voir ci-contre).

CONSEIL DU PROFESSIONNEL

Votre scie égoïne peut faire office d'équerre, si la poignée et le dos de la lame forment un angle droit. Utilisez-la si votre équerre n'est pas assez longue pour marquer quatre tasseaux à la fois. Faites buter la poignée contre le bord du bois, puis tracez une ligne en guidant votre crayon sur le dos de la lame.

MONTAGE - ÉTAPES 5 À 8

5 Pour biseauter les extrémités d'après vos repères (étape 2), placez le tasseau sur un établi. Sciez le long de la marque avec l'égoïne, en prenant soin de poser la lame sur le côté chute de votre marque au crayon. Opérez en va-et-vient régulier afin d'obtenir une surface plane. Procédez de même pour le deuxième élément en V.

6 Avant de visser ensemble les pointes du V, faites des avant-trous aux emplacements des vis. À partir de la pointe biseautée, mesurez 7,5 cm et 12,5 cm et faites deux marques au milieu du tasseau (sur la plus petite épaisseur). Percez avec la mèche de 3 mm. Répétez l'opération pour l'autre élément.

7 Maintenez ensemble le tasseau intact et le tasseau biseauté (le sommet du V doit être plat). Introduisez une vis de 40 mm dans l'avant-trou le plus haut, toujours en maintenant fermement l'ensemble, et vissez. Utilisez une vis de 50 mm pour l'autre avant-trou. Recommencez avec l'autre élément.

8 Pour mesurer les traverses horizontales, posez un élément en V sur le sol. Intercalez un des tasseaux de 1,80 m entre l'élément et le sol, en l'alignant sur les marques tracées lors de l'étape 4. Reportez les deux bords du V sur le tasseau à l'aide du crayon. Déplacez ensuite le tasseau vers la pointe du V, en le glissant latéralement de manière à prendre les marques de la deuxième traverse. Procédez de même pour la troisième traverse.

TRAITEMENT DU BOIS

Il est indispensable de protéger le bois (et particulièrement les surfaces de coupe) en le lasurant. L'humidité endommage le bois et ouvre la porte au pourrissement et aux insectes xylophages. Certaines lasures colorées font office de teinture, mettant en valeur les veines du bois. Au fur et à mesure de leur croissance, vos plantes occulteront l'obélisque mais des bribes de couleur apparaîtront çà et là sous le feuillage et seront toujours du meilleur effet.

MONTAGE - ÉTAPES 9 À 12

9 Posez le tasseau sur l'établi et sciez sur les marques. Mesurez et coupez trois autres traverses pour le deuxième élément en V. Vous avez maintenant deux jeux de traverses de trois longueurs différentes.

10 Les deux V sont réunis par deux autres jeux de traverses. Chaque nouvelle traverse doit mesurer environ 4 cm de plus de chaque côté, de manière à recouvrir l'épaisseur des montants verticaux. Pour les couper, placez une traverse sur un nouveau tasseau. Faites une marque de chaque côté de celui-ci à l'aide d'une règle. Procédez de même pour les deux dernières traverses.

11 Les quatre jeux de traverses sont prêts : deux courts destinés à chaque élément en V et deux longs servant à joindre ces deux V. Attention aux confusions! Séparez les traverses de différentes longueurs. Pré-trouez les plus courtes à 2 cm des extrémités puis vissez-les (vis de 30 mm) sur chaque V après les avoir alignées sur les marques.

12 Votre construction soutiendra mieux vos grimpantes si vous ajoutez au centre de chaque V un montant vertical (voir schéma p. 10). Couchez les éléments en V sur le sol, reposant sur les traverses. Préparez quatre tasseaux de 120 cm et posez-les au milieu de chaque V. Avant de visser, centrez-les bien de manière à ce que leurs deux extrémités dépassent d'environ 9 cm les traverses supérieures et inférieures.

PRUDENCE

Un endroit propre et déblayé est indispensable pour travailler en se déplaçant aisément. Prévoyez des surfaces larges et nettes si vous devez poser le bois à plat. Le sciage du bois s'effectue toujours sur un support stable et à bonne hauteur : caisse, tabouret, établi ou chevalet. À l'extérieur, éloignez tout obstacle susceptible de gêner vos manipulations.

FINITION - ÉTAPES 13 À 16

13 Il est temps maintenant de réunir les pointes des deux éléments en V. Sur une seule de ces pointes, percez un avant-trou à 2,5 cm de son extrémité. Maintenez ensuite les deux V dressés l'un contre l'autre, traverses tournées vers l'extérieur. Utilisez une vis de 40 mm pour cet assemblage.

14 Avant-trouez les plus longues traverses à 1 cm des extrémités. Fixez uniquement les traverses du bas et du milieu (avec une vis de 30 mm), en faisant coïncider les bords sur ceux des autres traverses.

15 Il reste deux montants verticaux à ajouter pour terminer cet ouvrage. Pour chaque support : pré-trouez à 9 cm des extrémités et vissez (vis de 30 mm) au milieu de chaque traverse supérieure. Couchez l'obélisque au sol, côté longues traverses, vissez sur les deux traverses restantes, puis retournez-le et procédez de même pour l'autre côté.

16 Donnez une finition soignée à votre ouvrage en coiffant sa cime d'un capuchon de bois. Aplanissez éventuellement le sommet à l'aide de la scie, et percez au centre du capuchon. Insérez ensuite une vis de 40 mm. Parachevez par un badigeon de lasure.

ACCUEILLEZ LES PLANTES IDÉALES

Votre jardin mérite un tel embellissement. Prenez votre temps pour déterminer l'emplacement de ce treillage : son architecture s'accordera avec la géométrie naturelle des végétaux alentour.

N'installez pas de végétaux dont l'exubérance masquerait l'obélisque, et tenez compte du fait que leur croissance risque de surcharger et déséquilibrer l'ensemble.

VARIANTE - ÉTAGÈRES SUR DEUX SUPPORTS

1 Pourquoi ne pas tirer parti de votre savoir-faire ? Réalisez deux treillages soutenant des étagères fort pratiques. Suivez les étapes de fabrication jusqu'au n° 14. À l'étape 15, supprimez un des deux montants verticaux sur chaque obélisque. Fabriquez une étagère en lattis : au sol, posez côte à côte quatre tasseaux, en alignant bien leurs extrémités. Mesurez et sciez-les à 120 cm.

2 Utilisez les chutes pour couper trois morceaux de 205 mm servant à assembler les lattes. Afin de parfaire la finition, biseautez dans l'épaisseur celui qui soutiendra l'étagère en son milieu. Les deux derniers en solidifieront les extrémités.

3 Au sol, placez bord à bord les tasseaux, leurs extrémités étant alignées. Il vous reste des chutes de bois de 2 cm de large, que vous allez utiliser pour espacer les lattes. Placez-les entre les tasseaux, posez un des supports de 205 mm à l'extrémité des tasseaux et vissez-le. Faites de même à l'opposé ; pour le milieu de l'étagère, vissez le support biseauté.

4 Chaque étagère repose par ses extrémités sur la traverse médiane des obélisques. Il n'est nul besoin de visser les étagères sur leurs supports, vos potées fleuries les maintiendront en place par leur poids. N'oubliez pas de lasurer le tout.

TIREZ LE MEILLEUR PARTI DE VOS TREILLAGES

Améliorez l'ensemble avec une étagère supplémentaire, reposant sur les traverses inférieures. L'obélisque s'élargissant à sa base, prévoyez une étagère inférieure plus courte. L'ensemble permettant de mettre en valeur de nombreuses plantes, pensez à distribuer leur poids de manière équilibrée. Évitez les pots très lourds afin de ménager votre installation.

JARDINIÈRE DE FENÊTRE

Imaginez vos fenêtres toutes pimpantes de fleurs épanouies! La plus modeste embrasure s'égaiera d'une floraison colorée. Cette jardinière accueille plusieurs plantes en pot, que vous aurez tout loisir d'agencer au gré de votre imagination.

MATÉRIEL

mèche de 3 mm pour perceuse

spatule

pinceau

perceuse-visseuse

scie sauteuse

pince coupante

crayon

scie égoïne

mètre à ruban

équerre

marteau

FOURNITURES

❖ Planche brute traitée, longueur 2,40 m, largeur 15 cm, section 23 ou 27 mm

❖ Papier de verre

❖ Vis cruciformes inoxydables diamètre 6 mm, longueur 60 mm

❖ Tasseau traité, longueur 1,20 m, section 40 mm sur 25 mm

❖ Tasseau traité, longueur 1,50 m, section 40 mm sur 21 mm

❖ Pointes tête homme diamètre 0,9 mm, longueur 15 mm environ

❖ Pâte à bois

❖ Lasure teintante

❖ Ardoises ou tuiles plates

❖ Moulure quart-de-rond, section 6 mm

❖ Trois ou quatre plantes en pot

VARIANTE

❖ Moulure quart-de-rond, section 6 mm

❖ Pointes tête homme diamètre 0,9 mm, longueur 15 mm environ

❖ Tasseau traité, longueur 1,50 m, section 40 mm sur 21 mm

❖ Grillage à mailles fines

❖ Vis

❖ 5 carreaux en céramique (15 cm sur 15 cm)

❖ Papier de verre

❖ Treillis de bois

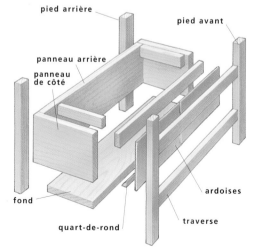

pied arrière

pied avant

panneau arrière

panneau de côté

fond

quart-de-rond

ardoises

traverse

NOTE

Si le rebord de votre fenêtre est trop étroit pour accueillir une jardinière, fixez au mur une vieille étagère. Autre solution : posez le caisson sur deux ou trois briques (pour le drainage), au pied d'un mur.

PRÉPARATION - ÉTAPES 1 À 4

1 Préparez le caisson de base : sur la planche, reportez les mesures suivantes : 79 cm pour le fond, 74 cm pour le panneau arrière, et deux longueurs de 21,5 cm pour chaque côté. Utilisez l'équerre afin de tracer bien droit.

2 Sciez sur chacune de ces marques, puis passez légèrement au papier de verre pour ôter les échardes. N'insistez pas trop afin de garder au bois son aspect brut.

3 Sur l'un des côtés, tracez une ligne à 2,5 cm du bord le plus court. Dans la largeur ainsi créée, percez des avant-trous aux deux coins. Répétez l'opération avec le second morceau, puis vissez ces deux parties sur le panneau arrière.

4 Percez également le fond aux quatre coins, à 1 cm au moins des bords. Posez-le sur l'ensemble côtés-panneau, en aménageant une fente de drainage du côté arrière. Insérez les vis de 60 mm dans les avant-trous, et fixez en maintenant fermement l'ensemble.

CONSEIL DU PROFESSIONNEL

L'assemblage est simple à effectuer lorsque tous les côtés sont rigoureusement de même hauteur et les angles parfaitement droits (à vérifier systématiquement avec l'équerre). Pour réussir aisément les coupes à angle droit, fixez avec un serre-joint une longueur de tasseau le long du trait de coupe, afin de guider la lame de la scie. Arrondissez légèrement les angles au papier de verre et appliquez sur chaque pièce un soupçon de colle avant vissage.

MONTAGE - ÉTAPES 5 À 8

5 Mesurez et découpez deux longueurs de 29,5 cm (pieds arrière) et deux autres de 30 cm (pieds avant) dans le tasseau de 40 sur 25 mm. Poncez légèrement les bords de coupe.

6 Deux traverses forment la devanture de la jardinière. Mesurez et coupez deux longueurs de 71,5 cm sur le tasseau de section 40 sur 21 cm. Poncez légèrement.

7 Confectionnez la devanture : sur chaque pied avant et du côté le plus étroit, pointez le crayon à 4,5 cm et 21 cm d'une extrémité. Tirez un trait entre ces deux points. Sur le large profil de chaque pied, et depuis la même extrémité, pointez à 6 cm et à 23 cm ; avant-trouez sur ces marques. Fixez les traverses sur les pieds en alignant leur bord postérieur sur votre trait de crayon.

8 Sur le profil étroit des pieds arrière, pointez à 7,5 cm et 22,5 cm. Tracez votre ligne. Avant-trouez sur la face large selon ces repères. Alignez le haut et le bas du panneau arrière sur les traits. Vous pouvez à présent visser les pieds. Retournez la jardinière et posez la devanture. Alignez bien sur les traits et vissez.

CONSEIL DU PROFESSIONNEL

Tenez compte d'une éventuelle inclinaison du rebord de fenêtre. Ceci implique une correction de hauteur des pieds, qu'il faudra mesurer plus courts à l'arrière ou plus longs à l'avant. La jardinière doit absolument être horizontale faute de quoi, le drainage fonctionnant mal, vos plantes souffriraient d'un excès d'eau.

MONTAGE - ÉTAPES 9 À 12

9 Pour le bon maintien des ardoises, il vous faut monter un cadre à l'intérieur de la devanture. Mesurez la longueur intérieure de la devanture et reportez-la sur le quart-de-rond. À cette fin, posez une extrémité de celui-ci sur un bord interne de la devanture et marquez le trait de coupe à hauteur de l'autre bord.

10 Cette moulure servira à maintenir les ardoises à la base du cadre. Pensez à ménager un espace à leur épaisseur ! Il suffit de maintenir un carreau de céramique contre les traverses lors de la pose du quart-de-rond ; fixez-le en clouant les pointes tête homme.

11 Préparez le haut du cadre intérieur. Utilisez la méthode de mesure qui a servi à l'étape 9 pour mesurer le tasseau de section 40 sur 21 mm, et sciez sur le trait de coupe. Comme précédemment, utilisez une ardoise pour l'espacement et fixez votre tasseau à l'aide de vis de 40 mm.

12 Dans le tasseau de section 40 sur 21 mm, sciez après avoir mesuré les deux segments latéraux (comme à l'étape 9). Faites un avant-trou au milieu des segments, puis appliquez-les contre chaque paroi intérieure de la jardinière, à hauteur du rebord. Employez les vis de 40 mm.

TEINTURE ET PROTECTION DU BOIS

Pénétrant au cœur du bois, la teinture en rehausse la veine et le grain. Certaines se diluent à l'eau, ce qui facilite le nettoyage des pinceaux ; d'autres, qui font également office de lasure, protègent le bois des intempéries. Quel que soit votre choix, sachez que certains produits chimiques dangereux mettent les plantes en péril. Lisez toujours les notices d'utilisation.

FINITION - ÉTAPES 13 À 16

13 La jardinière est bientôt prête à être peinte. Colmatez les trous de vissage à la pâte à bois pour égaliser la surface. Respectez le temps de séchage indiqué par le fabricant.

14 Une fois ce délai écoulé, poncez suffisamment les parties comblées pour obtenir un grain similaire à celui du bois brut.

15 De vieux journaux protégeront votre surface de travail lors de la peinture. Posez-y la jardinière ; commencez par peindre le fond puis, après l'avoir retournée, l'intérieur des parois. Terminez par les parois extérieures.

16 Il vous faut couper deux rectangles en ardoise. Mesurez 36,5 sur 15 cm et tracez vos traits de coupe à la craie. Maintenez l'ardoise contre le bord de l'établi ou de la table et découpez-la à la scie sauteuse (portez des lunettes de protection). Insérez les ardoises dans la devanture.

STYLISEZ LES DEVANTURES

La palette des carreaux en céramique est riche en couleurs, motifs et grains ; en les changeant de temps à autre, embellissez votre jardinière au gré de vos envies et des saisons : insérez simplement les décors choisis dans le cadre. Pensez auparavant à y ménager un espace assez large pour l'épaisseur des carreaux.

VARIANTE

1 Un simple croisillon de bois donnera un tout autre aspect à la devanture. Sur votre établi ou votre table, déployez-le jusqu'à obtenir de parfaits losanges. Mesurez l'intérieur de la devanture et transférez ces mesures sur le treillis (rigidifié par un tasseau).

2 La scie sauteuse est plus facile à utiliser que la scie égoïne pour cette délicate opération (voir ci-dessous). Poncez légèrement les coupes et badigeonnez-les généreusement de lasure. Laissez sécher avant de mettre en place le croisillon.

3 Un fin grillage permet d'obtenir un effet différent. Reportez, en les exagérant, les mesures du cadre sur un rectangle de grillage (vous aurez besoin d'au moins 1 cm de plus, pour fixer le grillage autour du cadre). Clouez les pointes jusqu'à mi-hauteur et pliez-les en donnant latéralement un coup de marteau.

4 Ornez votre jardinière de quatre pointes, en découpant celles-ci en haut des quatre pieds. Repérez le centre des pieds et marquez-le, puis faites une autre marque à 4 cm des bords. Joignez ces trois points au crayon, et sciez sur ces diagonales. Poncez légèrement les pointes ainsi obtenues.

CONSEIL DU PROFESSIONNEL

Le sciage des croisillons exige quelques précautions, en raison de leur grande fragilité. Le report des mesures doit s'effectuer près des intersections. Si malgré tout le bois se fend ou s'effrite, il reste possible de le fixer sur le cadre, qui consolidera l'ensemble. Restaurez un treillis abîmé en enfonçant délicatement des pointes à moulure avec un petit marteau et un chasse-clou, puis masquez votre réparation au mastic à bois.

MANGEOIRE CONIQUE

La gent ailée trouvera chez vous repos et nourriture grâce à cette jolie mangeoire,
dont le toit de bardeaux abritera nombre de festins.
Suspendez-la à une branche ou juchez-la sur un poteau !

MATÉRIEL

chasse-clou

crayon

pinceau

cutter

perceuse-visseuse

scie sauteuse

mètre à ruban

marteau

équerre

FOURNITURES

❖ Planche en pin, épaisseur 21 mm, longueur 120 sur 60 cm

❖ Chute ou morceau de bois d'au moins 40 cm de longueur

❖ Carrelet traité, section 5 sur 5 cm, longueur 60 cm

❖ Bande de cèdre coupé dans le droit fil, ou contreplaqué à cintrer, épaisseur 4 mm, longueur 120 cm

❖ Contreplaqué épaisseur 4 mm, longueur 60 sur 45 cm

❖ Tasse ou coquetier (pour aider au traçage)

❖ Colle à bois

❖ Pointes moulure de 25 mm

❖ Pointes tête homme de 20 mm

❖ Vis de diamètre 6 mm, longueur 35 et 50 mm

❖ Carton fort (voir étape 9)

❖ Clous de 20 mm de long

❖ Mèche de 3 mm pour perceuse

NOTE

Ne sous-estimez pas les prouesses acrobatiques des chats et autres prédateurs : étudiez bien l'installation de la mangeoire ! Gardez à l'esprit qu'en attirant les oiseaux vous les rendez dépendants de votre bon vouloir. Déposez régulièrement de la nourriture sur la mangeoire ; la préparation des amalgames de graines peut être pour les enfants un divertissement constructif !

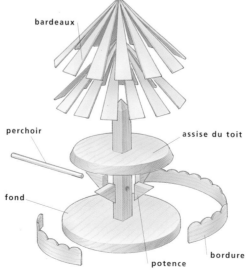

bardeaux

perchoir

assise du toit

fond

potence

bordure

VARIANTE

❖ Tourillon diamètre 10 mm, longueur 25 cm

❖ Mèche de 10 mm

❖ Bouton d'armoire en bois

❖ Crochet

❖ Chaînette

PRÉPARATION - ÉTAPES 1 À 4

1 Sur la planche en pin, tracez deux cercles, de 37,5 et 40 cm de diamètre. Fabriquez-vous un compas de fortune : plantez une pointe à l'extrémité de la chute de bois. Mesurez et marquez à 17,5 et 20 cm du clou, puis percez un orifice assez large pour y passer un crayon. Posez le compas sur la planche, et enfoncez légèrement la pointe. Tracez vos cercles, la pointe faisant office de pivot.

2 Préparez le pilier central : sciez le carrelet à 42,5 cm en utilisant le bord d'une table en guise de chevalet.

3 Posez une extrémité du pilier au centre d'un des cercles, et tracez-en le contour ; faites de même sur l'autre cercle. Pour un centrage parfait, tirez auparavant une ligne passant sur le creux laissé par la pointe du compas ; une deuxième ligne à angle droit permettra de placer correctement les angles du pilier sur chacune d'elles.

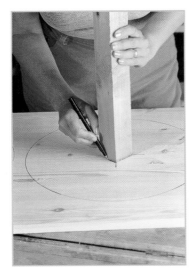

4 Découpez à la scie sauteuse le cercle de 40 cm de diamètre. Inclinez la lame à 45 degrés avant la découpe de l'autre cercle ; cette inclinaison rendra la pose du toit plus aisée.

CONSEIL DU PROFESSIONNEL

Il est utile de savoir évider un espace dans une planche sans avoir à la traverser à la scie (voir étape 5). Percez plusieurs fois la superficie à évider jusqu'à ce qu'il soit possible d'y insérer la lame de la scie sauteuse. Agrandissez éventuellement les perforations au tournevis ou au poinçon. Une fois la lame introduite, rejoignez le trait de coupe.

MONTAGE - ÉTAPES 5 À 8

5 Évidez un carré de 5 sur 5 cm au centre de chaque cercle (voir notre conseil p. 27). Prenez vos précautions pour éviter une coupe malheureuse : sous-dimensionnez légèrement votre carré puis limez ou poncez-en les contours pour bien ajuster le pilier (étape 8).

6 Taillez le sommet du pilier en pointe : faites une marque au milieu de chaque côté puis, à l'aide de l'équerre, tracez une ligne à 45 degrés entre ces points et chaque angle du pilier. Découpez à la scie sauteuse et poncez les surfaces sciées.

7 Réalisez les potences dans les chutes de découpe des cercles (voir ci-dessous). Poncez les angles, et percez un avant-trou au centre du plus long côté des triangles isocèles. Mesurez 17 cm à partir de la pointe du pilier, et tirez à l'équerre un trait sur tous les côtés. Disposez les potences sur ces lignes, et ancrez-les au pilier avec des vis de 50 mm.

8 Le pilier doit facilement s'implanter au centre du cercle formant la base. Faites coulisser le second par le haut du pilier jusqu'à ce qu'il repose sur les potences. Consolidez cet ensemble avec des vis de 40 mm, et clouez également quelques pointes de biais à travers la base et le pilier.

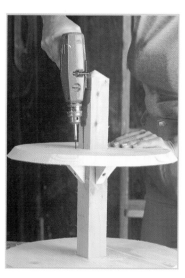

RÉALISATION DES POTENCES

Les potences en triangle isocèle sont extrêmement simples à réaliser. Deux lignes perpendiculaires de 5,5 cm jointes par une autre droite forment un triangle qu'il faut découper. Les petites pièces comme celles-ci risquent de se fendre lors du vissage, aussi est-il conseillé de pratiquer des avant-trous. Employez une mèche de diamètre inférieur à celui de la vis pour percer un avant-trou profond d'une demi-longueur de vis.

MONTAGE - ÉTAPES 9 À 12

9 Les bardeaux de contreplaqué sont de deux tailles distinctes : l'un des jeux mesure 30 sur 7,5 cm, l'autre 30 sur 6 cm. Il vous en faut douze de chaque, à découper à la scie sauteuse. Si nécessaire, réalisez un gabarit de carton : deux triangles de 30 cm de haut, une base de 6 cm et l'autre de 7,5 cm.

10 Serrez côte à côte les bardeaux de 7,5 cm de large. Mesurez et marquez tous les côtés ensemble à 2,5 cm de leur base, en vous aidant de l'équerre. Ces repères vous aideront à bien aligner les bardeaux sur la mangeoire. Procédez de même avec l'autre jeu de triangles.

11 Commencez l'assemblage du toit par quatre bardeaux de 7,5 cm ; clouez-les aux quatre pans sciés du pilier avec des pointes de 20 mm.

12 Flanquez chacun des bardeaux en place de deux autres de même dimension. Clouez-les au pilier et retaillez les pointes au cutter pour éviter tout chevauchement. Une fois les douze bardeaux en place, un vide d'environ 4 cm doit les séparer. Clouez-les au support circulaire lorsque vous êtes satisfait de leur symétrie.

ASSEMBLAGE DES BARDEAUX

Le toit de bardeaux jouit d'une bonne étanchéité, car les derniers posés recouvrent tous les interstices. De grosses intempéries pourraient cependant le détériorer, c'est pourquoi il faut prendre grand soin de la découpe et de la fixation de tous les bardeaux. Ils s'adapteront mieux sur la pointe du pilier si vous en poncez les côtés.

MONTAGE - ÉTAPES 13 À 16

13 Les bardeaux plus courts se fixent sur les autres pour achever la couverture. Une fois les pointes clouées, retaillez et ébarbez l'angle aigu des bardeaux.

14 Dans la bande de cèdre, coupez deux longueurs de 4 cm et 5 cm. Pour ce faire, tracez deux parallèles partant de la même extrémité, l'une de 4 cm et l'autre de 5 cm. À l'aide d'une tasse ou d'un autre petit objet circulaire, tracez des courbes entre ces deux lignes. Découpez ce motif à la scie sauteuse.

15 Collez ces bandes chantournées autour du socle. Consolidez le cerclage avec des pointes largement espacées. Laissez deux échancrures d'environ 5 cm afin de permettre le drainage et de faciliter le nettoyage.

16 Protégez la mangeoire avec de la lasure teintée ou du vernis; la teinte traitante donnera avec le temps une patine très décorative.

CINTRAGE DU BOIS

Vous aurez peut-être du mal à cintrer votre bordure chantournée autour du socle circulaire. Faites-vous aider pour la maintenir arrondie lors du collage. Si cela semble malgré tout difficile, laissez-la tremper dans l'eau une heure environ. Ce traitement devrait l'assouplir, mais il vous faudra attendre que le bois ait séché avant de le peindre.

VARIANTE - MANGEOIRE SUSPENDUE

1 Une section de tourillon de 25 cm environ permet l'installation d'un perchoir sous le toit. Sa dimension conviendra à la plupart des oiseaux de petite taille.

2 Trouez le pilier central à la mèche de 10 mm et insérez le tourillon, qui doit s'ajuster étroitement. Répartissez bien la longueur de chaque côté, et traitez avec le même produit que le reste de l'ouvrage.

3 Afin de fixer le crochet, chapeautez le toit d'un bouton de tiroir en bois. Il faut en scier la base (maintenez-le dans un étau). Évidez-le délicatement avec la perceuse pour qu'il s'adapte parfaitement au faîte du toit. Fixez-le à la colle à bois et traitez-le.

4 Choisissez un crochet au filetage assez long pour traverser le bouton et l'assembler au pilier. Vissez-le au centre du bouton (faites un avant-trou si le diamètre le nécessite). Suspendez votre mangeoire où bon vous semble, au moyen d'une chaînette de la longueur appropriée.

PROTÉGEZ LE TOIT DES INTEMPÉRIES

Imprégnez bien de lasure tous les bords de coupe des bardeaux, pour une bonne pénétration. Le faîte du toit sera d'autant plus résistant aux intempéries que vous l'aurez bien protégé. Le bouton de tiroir utilisé ici est assez résistant pour y visser le crochet. On peut le remplacer par une feuille de zinc, de cuivre ou de toile goudronnée. Quelle que soit l'option choisie, assurez l'étanchéité de la toiture en recouvrant de colle à bois tous les orifices dus aux vis et aux clous.

CACHE-POT CLÔTURE

Ce cache-pot de grande capacité se propose d'accueillir magnifiquement vos potées
les plus exubérantes. Les parois imitent le style rustique d'une clôture,
à moins que vous ne préfériez le recouvrir d'un bardage noir sophistiqué.

MATÉRIEL

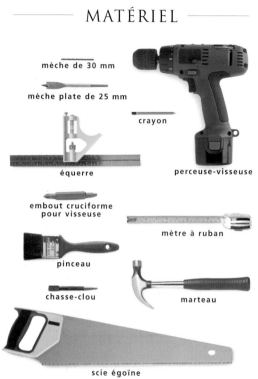

mèche de 30 mm

mèche plate de 25 mm

crayon

équerre

perceuse-visseuse

embout cruciforme pour visseuse

mètre à ruban

pinceau

chasse-clou

marteau

scie égoïne

FOURNITURES

❖ Huit tasseaux de 1,80 m, section 40 sur 21 mm

❖ Carré en contreplaqué de 43 sur 43 cm

❖ Clous tête homme de longueur 40 mm

❖ Vis cruciformes inoxydables de 30 mm

❖ Quatre capuchons ou embouts protecteurs en bois

❖ Lasure

❖ Pot de diamètre 30 cm

VARIANTE

❖ Quatre planches à clin de 2,40 m, largeur 90 mm

❖ Pointes sans tête de 20 mm

❖ Lasure

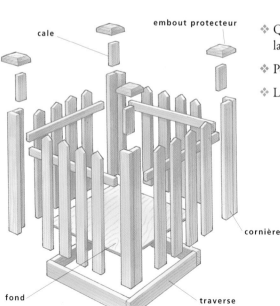

cale

embout protecteur

cornière

fond

traverse

NOTE

Ce cache-pot fera merveille aux côtés de la treille en obélisque, ajoutant de nouvelles perspectives dans ce coin du jardin.

PRÉPARATION - ÉTAPES 1 À 4

1 Commencez par les quatre cornières, pièces maîtresses de cet ouvrage. Chacune d'elles est constituée de deux longueurs de 45 cm, à prélever sur les tasseaux de 40 sur 21 mm. Mesurez et tracez avec l'équerre.

2 Sciez la première longueur de 45 cm. N'oubliez pas de scier à l'extérieur du trait de coupe, côté chute. Utilisez ce premier montant comme gabarit pour mesurer et scier les sept autres.

3 Les cornières du cache-pot sont reliées par des traverses à la base et au sommet, au total huit, dont quatre mesurent 44 cm et les autres 39 cm. Commencez par mesurer et scier une traverse de 44 cm et employez-la comme gabarit pour les trois autres. Répétez l'opération avec le jeu de traverses de 39 cm.

4 Assemblez les cornières, côté large cette fois, de façon à obtenir une pièce à section en L. Clouez-les ensemble à environ 4 cm des extrémités et au milieu. Assemblez les trois autres cornières de la même façon.

DU BON TRAVAIL EN TOUTE SÉCURITÉ

Sciez à bonne hauteur sur un établi ou un chevalet ; si vous n'en possédez pas, détournez de son usage un tabouret à vis (voir illustration). Maintenez fermement le bois lors du sciage et installez-vous de façon à ne pas avoir à vous baisser et relever sans cesse. Les traits de coupe doivent déborder du plan de travail et être sciés en un va-et-vient régulier.

MONTAGE - ÉTAPES 5 À 8

5 Masquez les clous avec le chasse-clou : tenez-le fermement au-dessus du clou et tapez d'un coup sec ; le clou disparaît dans l'épaisseur du bois. Traitez ensuite à la lasure.

6 Portez la position des traverses sur les cornières. Faites sur chacune d'elles une marque à 7,5 et 34 cm d'une extrémité ; tracez vos traits à l'équerre. Cette cornière servira de gabarit pour les trois autres.

7 Percez un avant-trou à 1 cm de l'extrémité de chaque traverse. Posez les cornières parallèlement sur le sol pour aligner vos traits. Apposez l'extrémité de deux des traverses de 44 cm, l'une affleurant le trait tracé à 7,5 cm, l'autre le trait tracé à 34 cm. Vissez-les, puis assemblez de même les deux autres cornières.

8 Redressez ces ensembles et posez-les face à face. Fixez ensuite deux traverses de 39 cm en les alignant sur les deux traverses en place, à l'aide des vis cruciformes.

TAILLE DU CACHE-POT

Vous savez maintenant comment réaliser cet ouvrage. De dimensions idéales pour un petit jardin, il accueillera largement un pot de 30 cm de diamètre. Un cache-pot plus imposant conviendra pour un espace assez vaste, si vous prenez la précaution d'ajouter des traverses sur le socle. Plusieurs potées tiendront à l'aise dans un seul ouvrage, à moins que vous n'y déposiez un gros conteneur en plastique. Ne chargez pas trop votre cache-pot, dont le fond risquerait de se déformer.

MONTAGE - ÉTAPES 9 À 12

9 Retournez complètement l'ensemble, mettez en place les deux traverses restantes et vissez-les. Posez-le ensuite sur ses pieds pour vérifier la solidité de la structure.

10 Préparez le fond en mesurant les dimensions intérieures du cache-pot. Elles devraient former un carré de 42,5 cm de côté ; il est cependant utile de le vérifier. Si nécessaire, recoupez-le aux bonnes dimensions, puis tracez deux diagonales à partir de chaque angle.

11 Les parois du cache-pot imitant une clôture, chacune d'elles est composée de quatre piquets de 42 cm ; découpez-les dans un tasseau. Taillez le sommet des piquets en pointe : faites une marque au centre du sommet et une autre à 4 cm en dessous sur deux côtés opposés. Reliez ces points par deux traits et retirez les coins à la scie égoïne.

12 Utilisez ce piquet comme gabarit pour les quinze autres : posez-le sur un tasseau et contournez au crayon le sommet et la base. Les piquets restants seront préparés de la même façon.

CHOIX D'UNE SCIE

On se procure des scies de toutes sortes dans la plupart des magasins d'outillage. La scie égoïne vous sera souvent d'un grand secours, car elle coupe les panneaux synthétiques aussi bien que le bois. La longueur de la lame varie entre 35 et 55 cm, la poignée est en bois ou en plastique. Plus sa denture est fine, plus la coupe sera nette, à condition d'effectuer un va-et-vient régulier.

MONTAGE - ÉTAPES 13 À 16

13 Posez quatre piquets au sol, et superposez-leur un des côtés du cache-pot. Alignez bien la base et le sommet des piquets, puis à l'aide d'une chute de tasseau, espacez-les régulièrement. Reportez au crayon leur emplacement sur les traverses, et préparez de même les avant-trous au milieu de ces deux traits.

14 Percez ces avant-trous avec la mèche de 3 mm, et remettez les piquets à leur place grâce aux repères. Vérifiez l'alignement vertical des piquets et vissez dans les avant-trous. Tournez le cache-pot d'un quart de tour et reprenez ces mêmes gestes jusqu'à l'achèvement des quatre parois.

15 Insérez le fond du cache-pot, côté diagonales au-dessus. Servez-vous de ces diagonales pour percer cinq trous de drainage, l'un au point de jonction et quatre autres formant un carré d'environ 10 cm de côté. Il vaut mieux poser les pieds du cache-pot sur des supports pour ne pas endommager votre mèche plate.

16 Il est nécessaire d'apposer une cale à chaque coin avant d'y fixer les embouts de protection. Découpez quatre longueurs de tasseau pouvant se loger entre les traverses et les sommets des cornières. Clouez avec des pointes, puis fixez les embouts ; utilisez le chasse-clou pour masquer les pointes et badigeonnez coupes et cavités à la lasure.

PRENEZ SOIN DE VOS PLANTES

Le plus dur est fait. Il ne vous reste plus qu'à choisir l'emplacement de votre cache-pot ainsi que les plantes qui s'y logeront. Garnissez le fond des pots de graviers ou de billes d'argile expansée puis remplissez-les d'un substrat adapté à la nature de vos plantes. L'adjonction d'engrais-retard leur sera bénéfique, mais n'en abusez pas - lisez attentivement les notices. Pensez à arroser régulièrement vos potées, elles sont très sensibles à la sécheresse.

VARIANTE - CACHE-POT À PAROIS PLEINES

1 Élaborez votre ouvrage jusqu'à l'étape 10. Apposez les cales aux cornières et les embouts qui les surmontent (voir l'étape 16).

2 Sciez dans le clin quatre longueurs de 42,5 cm. Posez le cache-pot sur un côté et insérez-y une des longueurs, le bord en biseau venant buter contre la traverse supérieure. Enfoncez des pointes à chaque extrémité. Clouez une deuxième planche en faisant déborder son bord étroit sur le bord épais de la précédente. Procédez de même avec les deux planches restantes.

3 Retournez la structure et suivez le même schéma pour fixer quatre nouvelles planches de 42,5 cm sur le côté opposé. Les deux autres parois seront recouvertes chacune par quatre planches de 40 cm, selon les mêmes consignes.

4 Recouvrez de teinture pour bois l'intérieur et l'extérieur du cache-pot. Après séchage, insérez le fond préalablement percé (voir étape 15). Trouvez enfin l'emplacement idéal pour votre ouvrage et fleurissez-le de vos plus belles potées.

CONSEIL DU PROFESSIONNEL

La non-toxicité de la teinture diluée à l'eau épargnera tout dommage à vos végétaux et aux animaux qui fréquentent votre jardin. Autre avantage, les éclaboussures de teinture disparaissent d'un coup de chiffon humide. Les intempéries donneront en quelques mois une patine rustique à l'ouvrage que vous avez confectionné. Ses parois dissimuleront parfaitement les récipients les plus inesthétiques.

MINI-BASSIN D'ORNEMENT

Un point d'eau apporte un atout de charme au jardin le plus modeste. Ce bassin, facile à intégrer à tous les décors, ne réclame ni installation électrique ni travaux de plomberie. Vous serez conquis par sa construction facile et son faible prix de revient.

MATÉRIEL

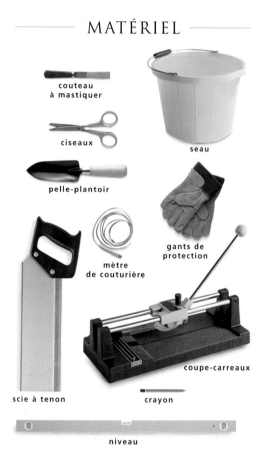

couteau à mastiquer

ciseaux

seau

pelle-plantoir

gants de protection

mètre de couturière

scie à tenon

coupe-carreaux

crayon

niveau

FOURNITURES

- ❖ Poterie vernissée (la nôtre mesure 50 cm de haut et 65 cm de diamètre)
- ❖ Colle Époxy à deux composants
- ❖ Chute de bois de 15 cm de long au minimum
- ❖ Ciment prompt
- ❖ Carreaux de verre étamé (calculez-en le nombre, voir étape 1)
- ❖ Baguettes de céramique (calculez-en le nombre, voir étape 1), largeur 1 cm environ
- ❖ Colle et joint carrelage en pâte
- ❖ Nénuphars nains, iris d'eau, renoncules aquatiques
- ❖ Panier à bulbe
- ❖ Carré de toile de jute d'environ 50 × 50 cm
- ❖ Mélange argileux pour aquarium
- ❖ Graviers
- ❖ Quelques briques (étape 16)
- ❖ Bâtonnet arrondi
- ❖ Éponge
- ❖ Papier de verre

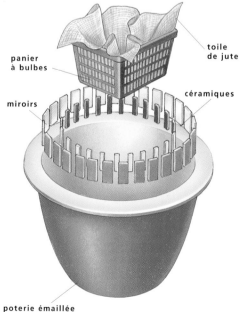

toile de jute

panier à bulbes

céramiques

miroirs

poterie émaillée

NOTES

Installez votre vasque en plein soleil, car les nénuphars n'aiment pas l'ombre.

L'alternance de miroirs et de céramiques bleues accentue la réverbération de la lumière sur l'eau. Prévoyez l'achat de carreaux réfléchissants supplémentaires en cas de casse lors de la découpe.

Le ciment agresse les peaux les plus résistantes : portez toujours des gants pour le manipuler.

MONTAGE ÉTAPES 1 À 4

1 Avec le mètre de couturière, mesurez la circonférence intérieure du pot; la largeur cumulée d'une baguette en céramique et d'un carreau réfléchissant étant de 5 cm, divisez la circonférence par 5 pour connaître la quantité de carreaux requise. Si leurs dimensions sont différentes, faites votre propre calcul selon cette méthode.

2 Préparez la colle Époxy en suivant les instructions du fabricant. Quand sa couleur devient uniforme, emplissezen les trous de drainage en appuyant fermement, aucune fuite d'eau ne devant se produire. Laisser sécher le temps nécessaire.

3 Les carreaux n'adhérant que sur une surface plane, il faut combler le creux situé sous le bord interne de la poterie. Afin de répartir le ciment, coupez un gabarit en bois de la taille d'un carreau (15 cm), avec la scie à tenon.

4 Enfilez vos gants et versez le ciment dans un seau. Faites un puits au milieu et ajoutez l'eau lentement. À l'aide d'un bâton, gâchez le mélange (la consistance doit être épaisse), en rajoutant eau ou ciment si nécessaire. Si la quantité de ciment obtenue est insuffisante pour combler entièrement le creux, refaites un mélange de même consistance.

CONSEIL DU PROFESSIONNEL

Préparez toujours le ciment prompt par petites quantités, car il prend très rapidement. Un mélange trop sec va se craqueler et adhérera mal au support. Un mélange trop aqueux rend le travail très difficile : versez l'eau parcimonieusement. Le ciment atteint la bonne consistance lorsqu'une baguette y tient à la verticale.

MONTAGE - ÉTAPES 5 À 8

5 Étalez le ciment à l'intérieur du pot avec le couteau à mastiquer, sur une hauteur de 15 bons centimètres. Appliquez le gabarit de bois à angle droit contre le bord supérieur du pot (aidez-vous du niveau). Arasez lentement la surface cimentée en faisant passer le bois, fermement appuyé, sur tout le pourtour. Retirez les excédents ou remplissez les creux, puis lissez encore avec le bois.

6 Préparez les carreaux réfléchissants. Ajustez la butée graduée du coupe-carreau sur 4 cm. Placez le carreau contre la butée et abaissez le manche vers vous pour rayer la surface du carreau. Et – faut-il le rappeler ? – portez toujours des gants lorsque vous coupez des carreaux !

7 Placez le carreau fendu bien à l'horizontale sous les deux barres du séparateur et abaissez le manche d'un coup sec. Le carreau se scinde à la largeur souhaitée, il mesure maintenant 15 × 4 cm. Coupez de même les autres carreaux.

8 Poncez les surfaces découpées afin d'éviter tout accident : étalez une feuille de papier de verre sur une surface plane, et frottez d'avant en arrière le carreau maintenu à un angle de 45 degrés, côté miroir vers le bas. Insistez afin de bien en émousser les bords.

MOTIFS GÉOMÉTRIQUES

Vous sentez-vous assez expérimenté ou aventureux pour créer des motifs très élaborés ? Achetez des carreaux de mosaïque en sachet ou en feuille prête à coller, que l'on peut découper aux dimensions requises. Possédant des nuances variées, ils se marient harmonieusement aux carrelages. Dessinez sur un patron de papier votre motif grandeur nature, en prévoyant les espaces de jointoiement. Transférez le motif sur la poterie par petits secteurs.

MONTAGE - ÉTAPES 9 À 12

9 Le séchage du ciment se fait en deux heures environ. Étalez uniformément la colle à l'aide de la spatule crantée fournie avec celle-ci, jusqu'à en recouvrir totalement le ciment. Les reliefs créés par la spatule assureront une bonne adhérence.

10 Commencez la mise en place des carreaux : utilisez le niveau pour une disposition bien verticale. Débutez par un miroir ; placez-le sur la surface encollée, vérifiez la verticale en posant le niveau sur son bord supérieur, puis appuyez fortement.

11 Placez en alternance miroirs et baguettes, toujours à angle droit avec le rebord de la poterie. Lors de la pose, l'excès de colle va déborder entre et autour des carreaux. Essuyez immédiatement à l'éponge ou au chiffon, puis vérifiez derechef l'alignement des carreaux.

12 Pour une bonne étanchéité, jointoyez les carreaux après séchage de la colle (2 heures env.). Avec le côté lisse de la spatule, étalez la pâte à joints entre les carreaux et sur les deux bords du motif. Compactez les joints en passant entre les carreaux une baguette à bout arrondi. Retirez l'excès de pâte à l'éponge humide.

CONSEIL DU PROFESSIONNEL

Choisissez bien la colle carrelage : elle doit résister à l'humidité ! Procurez-vous de la colle prête à l'emploi, facile à étendre, plutôt que du mortier-colle, d'emploi très difficile, destiné à niveler les surfaces inégales. Son usage n'est pas recommandé aux débutants, aussi laissez-le aux experts.

FINITION ÉTAPES 13 À 16

13 En attendant le séchage des joints, préparez vos plantations. Recouvrez l'intérieur du panier de toile de jute en laissant dépasser l'excédent. La trame grossière de la toile laissera descendre les racines tout en maintenant le substrat en place. Avec la pelle, emplissez le panier du mélange argileux, aux trois quarts de sa hauteur.

14 Installez précautionneusement le nénuphar nain sur le substrat. Enterrez la motte à mi-hauteur sans en recouvrir la surface, qui doit dépasser de 2-3 cm.

15 Recouvrez de gravier (destiné à maintenir le substrat en place et à lester le panier, qui doit rester immergé). Versez doucement le gravier et répartissez-le en l'aplanissant avec la main, de manière à former une couche superficielle. Coupez aux ciseaux l'excédent de toile de jute.

16 Donnez du brillant aux carreaux en les polissant avec ces chutes de toile. Épandez 10 à 12 cm de gravier au fond de la poterie. Déposez-y délicatement le panier, et si nécessaire rehaussez-le en intercalant quelques briques (le nénuphar doit flotter à la surface). Si vous le souhaitez, ajoutez d'autres plantes – par exemple des renoncules aquatiques ou des iris d'eau – qui auront également besoin d'être rehaussées.

REMPLISSAGE DU BASSIN

Avant toute chose, installez la poterie à son emplacement définitif. Procédez ensuite à son remplissage : posez l'extrémité du tuyau bien au fond de la poterie et ouvrez le robinet à faible débit afin de ne pas trop remuer substrat et gravier. Laissez déborder l'eau lors du remplissage et à chaque nettoyage, pour éliminer les débris et éviter la stagnation.

HAMAC

Se prélasser dans son hamac par un après-midi d'été, muni d'un bon livre, boissons fraîches à portée de main : imaginez-vous moments plus idylliques ? Jouissez sans scrupules de ces instants privilégiés, car nul ne saurait vous suspecter de paresse, voyant le fruit de votre labeur !

MATÉRIEL

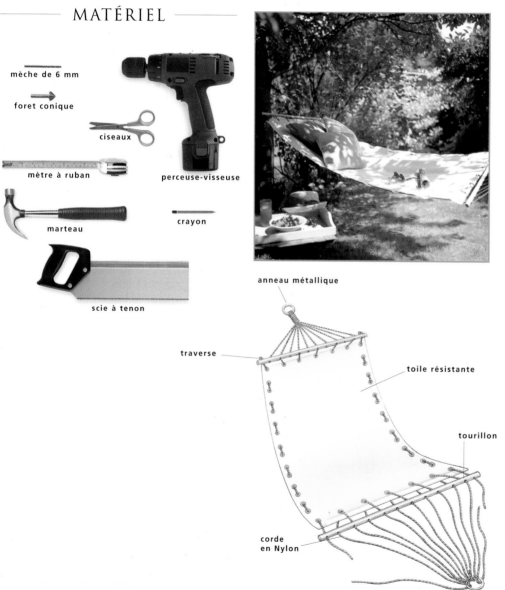

mèche de 6 mm

foret conique

ciseaux

mètre à ruban

perceuse-visseuse

marteau

crayon

scie à tenon

anneau métallique

traverse

toile résistante

tourillon

corde en Nylon

FOURNITURES

❖ Toile résistante en 90 sur 200 cm

❖ Adhésif double face spécial moquette de 5 cm de large

❖ Tourillon ou baguette ronde, diamètre 10 ou 15 mm, longueur 1,50 m

❖ Tourillon ou baguette ronde, diamètre 25 mm, longueur 1,80 m

❖ Œillets de bâche en laiton, diamètre 10 mm, avec pose-œillet

❖ Corde en Nylon, diamètre 5 mm, longueur 20 m

❖ Deux anneaux métalliques, diamètre 5 cm

❖ Deux mousquetons

❖ Papier de verre

❖ Équerre en T (facultatif)

NOTES

Pour l'achat de votre toile, voyez un magasin de tissus, ou mieux, adressez-vous à un fabricant de bâches. Achetez la qualité la plus lourde, à moins que vous ne préfériez la toile pour chaise longue, de coloris plus variés.

La corde utilisée résiste à un poids de 100 kg, et toutes les fournitures sont de la meilleure qualité. Cependant, cet ouvrage est conçu pour soutenir une seule personne de poids moyen.

PRÉPARATION - ÉTAPES 1 À 4

1 Si la toile n'est pas coupée aux bonnes dimensions, étalez-la sur une surface plane et mesurez un rectangle de 90 × 200 cm. Tracez-le avec une longue règle et coupez aux ciseaux.

2 Tracez des parallèles à 5 cm des quatre bords du tissu, puis d'autres à 10 cm. Ces repères vous indiqueront où fixer l'adhésif. Vérifiez les angles droits à l'aide d'une équerre.

3 À partir d'un angle, déroulez et pressez fortement l'adhésif entre les deux lignes. Il faut éviter bulles d'air et faux plis.

4 Coupez deux longueurs de 70 cm dans le tourillon de 1,25 m. Étalez la toile bien à plat et retirez précautionneusement le film protecteur de l'adhésif, ce sur les deux largeurs du hamac. Faites-vous éventuellement aider pour maintenir la toile à plat car, très collant, l'adhésif double face peut vous gêner dans vos manipulations.

DIMENSIONS DU HAMAC

Adaptez la longueur du hamac à votre taille ! Notre modèle est conçu pour une personne de taille moyenne. Si vous êtes de petite taille, ou si vous destinez ce hamac à un enfant, la longueur doit être diminuée car vous vous enfonceriez au milieu de la toile. Un bon hamac doit mesurer votre taille + 90 cm. Pensez-y lors de l'achat de la toile, mais quelles que soient les dimensions du hamac, nos consignes de montage restent les mêmes.

MONTAGE - ÉTAPES 5 À 8

5 Poncez les bords sciés des tourillons pour en ôter les échardes. Placez l'un d'eux sur le bord externe de la bande adhésive et pressez fortement.

6 Repliez la toile sur le tourillon en faisant coïncider son bord avec le bord interne de l'adhésif (et la ligne à 10 cm dessinée auparavant). Pressez bien la toile en la lissant pour éviter toute bulle d'air. Répétez les étapes 5 et 6 pour fixer l'autre tourillon sur le bord opposé.

7 Évitez les angles froissés ou gondolés lors du pliage : retirez un carré de 5 cm de côté à chaque coin de la toile.

8 Attaquez-vous maintenant aux longs bords de la toile, en retirant la protection de la bande adhésive. Repliez la toile en l'alignant sur la marque (voir étape 2). Lissez lentement d'un geste appuyé en vous déplaçant le long de la toile.

ADHÉSIF DOUBLE FACE POUR MOQUETTE

Sa grande robustesse lui permet de remplacer un ourlet – seule une machine industrielle pourrait coudre un ourlet dans une telle épaisseur ! Une double épaisseur de fibres confère une bonne solidité à ce ruban dont les bords ne s'effilochent pas, le rendant propre à la pose d'œillets. Vous pouvez vous fier à la solidité de ce matériau, pourtant détourné de son usage traditionnel.

MONTAGE - ÉTAPES 9 À 12

9 Marquez l'emplacement de sept œillets sur la largeur du hamac : déroulez le mètre à ruban contre le bord interne de l'ourlet et pointez le crayon à 2,5 - 15 - 27,5 - 40 - 52,5 - 65 et 77,5 cm à partir de l'un des côtés. Reprenez ces mesures sur la largeur opposée.

10 Posez l'ourlet sur une surface dure (ici un petit pavé) et placez la cale du fixe-œillet sous votre premier repère. Sur le repère, superposez l'emporte-pièce, en appuyant pour qu'il se loge dans le creux de la cale. Donnez un coup de marteau sec et précis pour évider un cercle bien net.

11 Procédez de même pour percer les autres trous, puis fixez les œillets : l'anneau muni d'une collerette se loge dans la cale et cet ensemble s'insère dans le cercle ; superposez l'anneau simple sur la collerette et maintenez le tout avec l'emporte-pièce. Frappez un coup sec pour assembler les deux éléments. Posez ensuite les autres œillets.

12 Passez à la pose d'œillets décoratifs sur les longueurs : il faudra les centrer à 2,5 cm du bord de l'ourlet. À partir d'une extrémité de la longueur, mesurez et marquez à 20 - 25 - 42,5 - 47,5 - 65 - 70 - 87,5 - 92,5 - 110 - 115 - 132,5 - 137,5 - 155 et 160 cm. Percez sur ces repères et fixez les œillets.

LES ŒILLETS

Procurez-vous les œillets chez un détaillant de matériel nautique ou de quincaillerie. Ils sont généralement fournis avec un fixe-œillet et le mode d'emploi, et ce en différents diamètres. Pour la plupart en laiton, ils se trouvent également en matière plastique.

Ils évitent tout effilochage et surtout permettent une bonne répartition de la charge sur les deux largeurs de la toile. Outre leur côté pratique, on ne peut nier leur fonction décorative : ils ne sont posés qu'à cet effet sur les longueurs de votre hamac.

MONTAGE - ÉTAPES 13 À 16

13 Sciez le tourillon de 25 mm pour en faire deux traverses de 80 cm. Maintenez-le de façon à ce que le côté chute dépasse du plan de sciage.

14 Passez l'extrémité sciée au papier de verre. À l'aide d'une longue règle ou d'un tasseau, tirez une ligne sur toute la longueur des tourillons.

15 Marquez sur cette même ligne un point à 2 cm d'une extrémité puis un autre tous les 7 cm, totalisant ainsi douze repères. Maintenez fermement le tourillon et perforez-le en chaque point avec la mèche de 6 mm.

16 Préparez la seconde traverse de la même façon. Fraisez chaque orifice avec la tête conique. Poncez légèrement les deux traverses.

PERÇAGE D'UN TOURILLON EN TOUTE SÉCURITÉ

Tourillons et cylindres ayant tendance à rouler sur le plan de travail, il est indispensable de les immobiliser dans un étau ou deux serre-joints pour ne pas les endommager. Les « pros » de la perceuse pourront caler le tourillon entre deux des lames recouvrant une table ou un établi (voir illustration ci-dessus). Entamez toujours la surface à percer avec un poinçon ou un clou, puis utilisez votre perceuse en commençant au ralenti. Augmentez progressivement la vitesse.

MONTAGE - ÉTAPES 17 À 20

17 Reste maintenant à enfiler la corde autour du hamac. Placez une largeur de toile parallèlement au bord d'une table. Maintenez-la en enfonçant une pointe à travers chaque œillet des deux extrémités. Prenez le milieu de la largeur et tirez sur la table une perpendiculaire de 30 cm déterminant l'emplacement de l'anneau. Fixez-le par un clou.

18 Chaque largeur du hamac requiert 7,20 m de longueur de corde. Entourez une extrémité de chaque corde de ruban adhésif pour faciliter le faufilage. Passez-la au travers de l'anneau en laissant dépasser environ 30 cm. Enfilez-la dans le deuxième trou du tourillon et le deuxième œillet, puis le troisième trou du tourillon et revenez vers l'anneau, laissez-y une longueur lâche de 30 cm environ.

19 Poursuivez de la même manière, sans faufiler le dernier trou ni le dernier œillet. Vérifiez l'équivalence de tension sur tous les cordages puis repassez le bout dans l'anneau. Formez une boucle avec l'autre bout (voir aussi diagramme p. 110).

20 Enroulez en surliure le reste de corde autour de la boucle et des suspentes, en serrant bien à chaque tour, sur dix tours au moins.

CONSEIL DU PROFESSIONNEL

Entortillez sur lui-même le ruban adhésif au bout de la corde après l'en avoir entourée : la pointe ainsi formée facilitera le travail. Pour la stabilité du hamac, toutes les longueurs de corde doivent être équivalentes ; la charge sera bien répartie sur sa longueur. Pour la surliure, exercez-vous auparavant. Lorsqu'elle est bien faite, il est facile d'achever le nœud en extrayant la boucle.

MONTAGE - ÉTAPES 21 À 24

21 Terminez la surliure en passant le reste de corde dans la boucle laissée à cet effet, en maintenant l'autre bout de corde tendu. Tirez sur ce bout pour emprisonner l'extrémité garnie d'adhésif dans la boucle (ce qui forme un nœud).

22 Empoignez la surliure et tirez très fort ce même bout pour faire coulisser le nœud à l'intérieur de la surliure, jusqu'à mi-chemin. Coupez les extrémités de corde à ras de la surliure. Encordez l'autre côté du hamac, en répétant les étapes 17 à 22.

23 Préparez deux longueurs de corde de 2,25 m pour les côtés. Entourez une des extrémités des deux cordes de ruban adhésif, et enfilez la corde dans le dernier trou du tourillon. Laissez dépasser un bout que vous nouez. Faufilez la corde à travers les œillets et traversez le tourillon opposé. Nouez et coupez le surplus de corde.

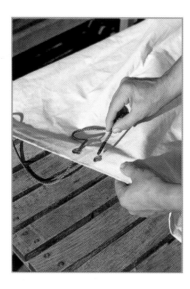

24 Faufilez le second côté de la même façon et posez un mousqueton sur chaque anneau. Vous n'avez plus qu'à suspendre votre hamac.

OÙ SUSPENDRE VOTRE HAMAC

Le doux bercement dispensé par le hamac est propice au repos ; nul besoin de le suspendre très haut pour en apprécier les bienfaits, d'autant que les jeunes enfants peuvent tenter de s'y aventurer. Choisissez des supports à toute épreuve : deux solides troncs d'arbres (si leur espacement est idéal), une potence murale et un arbre, ou un support métallique réservé à cet usage.

SENTIER EN GRADIN

Un sentier dallé forme un charmant trait d'union entre les deux niveaux de ce jardin.
Les galets et la bordure de rondins soulignent sa naturelle simplicité, le dallage
imitant la terre cuite à s'y méprendre.

MATÉRIEL

masse

pelle

balai-brosse

bêche

taloche

tamis

scie à tenon

maillet
de caoutchouc

seau

massette

truelle de briqueteur

ciseau à briques

pelle-plantoir

niveau

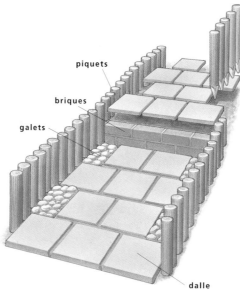

piquets

briques

galets

dalle

FOURNITURES

Pour deux gradins d'environ 110 × 90 cm :

❖ Quarante piquets de châtaignier ou rondins fraisés de 50 cm de long

❖ Vingt dalles de béton d'environ 25 × 25 cm

❖ Environ 5 kg de galets

❖ Tasseau mesurant au moins la largeur du sentier (voir étape 2)

❖ Un seau de terre de jardin (voir étape 3)

❖ 25 kg de ballast ou gros agrégat

❖ 25 kg de ciment

❖ 25 kg de sable fin

❖ 50 kg de sable grossier

❖ Détergent vaisselle

❖ 14 briques

❖ Graines de plantes aromatiques

VARIANTE

❖ Sable

❖ Plants d'herbes aromatiques

❖ Dalles anciennes

NOTE

Les dalles utilisées pour illustrer cet ouvrage mesurent environ 24 × 24 cm. Il vous sera facile d'adapter des dalles de dimensions différentes en faisant un simple calcul. Une seule journée de travail suffit pour un sentier à deux gradins. Pour une volée de marches plus longue, le temps de travail sera nécessairement plus important.

PRÉPARATION - ÉTAPES 1 À 4

1 Nettoyez l'emplacement du sentier en retirant l'ancien pavement, les plantes et les grosses pierres. Sur un seul côté, enfoncez les piquets à mi-hauteur avec une masse. Ils doivent être serrés les uns contre les autres et former une courbe régulière à leur sommet, en suivant la ligne de pente.

2 Déterminez avec exactitude la largeur du sentier (trois dalles pour le nôtre) : alignez trois dalles sur une surface plane, ajoutez quelques galets sur les côtés et mesurez l'ensemble. Coupez un tasseau de cette longueur et utilisez-le comme gabarit pour planter parallèlement l'autre rangée de piquets. Vérifiez l'alignement chaque fois que vous plantez un nouveau piquet.

3 Il faut creuser des fondations au niveau des marches pour en améliorer la stabilité. À 90 cm du sommet de la pente, creusez à la bêche une tranchée de la largeur et de la profondeur du fer entre les deux rangées de rondins. Récupérez un seau de terre et dispersez le reste là où votre jardin en a besoin.

4 Préparez le ciment : sur un sol plat et ferme, érigez un monticule avec dix pelletées de gros graviers. Recouvrez-le de deux pelletées de ciment et mélangez en retournant le tas plusieurs fois, jusqu'à obtenir un amalgame de couleur uniforme.

PIQUETS DE BOIS

Outre qu'ils retiennent bien la terre, les piquets agrémentent ce lieu de passage : la barrière d'aspect rustique délimite le sentier avec élégance, transition plaisante entre l'horizontalité du dallage et le relief créé par les plantations de bordure. Les piquets acquièrent une belle patine avec le temps, et leur naturel est mis en valeur par l'effusion des feuillages retombants.

MONTAGE - ÉTAPES 5 À 8

5 Creusez un cratère dans le monticule et remplissez-le d'eau à moitié (pas davantage, afin d'obtenir une consistance épaisse). Tournez autour du monticule en ramenant le mélange dans l'eau du cratère, jusqu'à l'obtention de béton épais.

6 Transvasez, à la pelle, le béton dans un seau et versez-le dans la tranchée creusée lors de l'étape 3. Remuez bien le seau pour en extraire tout l'épais mélange. Cette quantité doit suffire pour remplir votre tranchée jusqu'au niveau du bas de marche. Égalisez la surface à la taloche. Ajoutez du béton si besoin est.

7 Fabriquez du mortier en mélangeant cinq parts de sable fin et une part de ciment (voir ci-dessous). À la truelle, recouvrez le béton d'une couche de mortier.

8 Placez une brique sur le mortier, boutisse (section étroite) contre les piquets. Appliquez du mortier sur la boutisse d'une autre brique et tassez-la contre la première. Faites de même pour les suivantes. Pour couper une brique en deux, placez le ciseau en son milieu et frappez avec la massette, puis recommencez sur chaque face de la brique jusqu'à sa rupture.

CONSEIL DU PROFESSIONNEL

Avant de mélanger le mortier, facilitez-vous le travail en adoucissant l'eau d'une giclée de détergent liquide. Le mortier, plus souple, aura moins tendance à couler ou à durcir trop vite en se craquelant. Ce mortier à prise plus lente vous évitera toute précipitation, et votre travail s'en trouvera ainsi considérablement amélioré.

MONTAGE - ÉTAPES 9 À 12

9 Étalez une couche de mortier sur cette rangée de briques. La première brique de la rangée suivante doit en chevaucher deux en recouvrant le joint. Terminez la deuxième rangée en tapotant chaque brique avec la truelle lors de sa mise en place.

10 Égalisez la surface de la première marche : faites doucement aller et venir le fer de la bêche sur le sol, l'ameublissant pour que son niveau descende légèrement au-dessous du muret de briques. Ajoutez ou retirez de la terre jusqu'à obtenir une surface plane.

11 Préparez un mortier plus rudimentaire avec cinq parts de sable grossier pour une part de ciment. Ajoutez juste assez d'eau au mélange pour que le mortier n'adhère plus à la truelle. Transvasez-le dans le seau et versez-le sur la surface nivelée. Étalez le mortier en le poussant à la taloche, pour obtenir une couche régulière de 2 à 3 cm d'épaisseur, devant affleurer le sommet du muret.

12 Facilitez l'écoulement des eaux pluviales en créant une légère pente : posez une extrémité du niveau sur le muret de briques, l'autre reposant sur le mortier près de la contremarche. Cet endroit doit être légèrement surélevé ; ajoutez ou retirez du mortier pour parvenir à ce résultat.

CONSEIL DU PROFESSIONNEL

Afin de gagner du temps, préparez un mortier épais pour les fondations, et installez-y directement les briques. Cependant, accordez toujours au mortier et au béton un temps de prise optimal. Abstenez-vous de tout piétinement pendant une journée au moins : une rupture de l'alignement des dalles rendrait le sentier inégal. Imprimez votre marque personnelle (par exemple, date, initiales) en pressant de petits galets sur le béton encore humide.

MONTAGE - ÉTAPES 13 À 16

13 Posez temporairement les dalles, sans les appuyer sur le mortier. Commencez par le nez de la marche, les dalles devant déborder de la rangée de briques sur 5 cm environ. Pensez à les espacer régulièrement. Posez le deuxième rang en faisant alterner les joints, et ainsi de suite.

14 Quand l'agencement vous satisfait, retirez doucement les dalles du lit de mortier. Les empreintes qu'elles ont laissées vous serviront de guide pour la pose définitive.

15 Déposez un peu de mortier sur la marche et placez la première dalle en la laissant déborder sur le muret de briques (5 cm). Tapez doucement la surface de la dalle avec le maillet en caoutchouc pour sa bonne mise en place. Rajoutez du mortier et finissez la première rangée en opérant de la même façon.

16 Pensez à maintenir une légère pente à la mise en place de la deuxième rangée. Posez le niveau sur le dallage et tapez au maillet aux endroits nécessitant une intervention. En posant les deux derniers rangs, effectuez les mêmes vérifications.

CONSEIL DU PROFESSIONNEL

Attention au gel ! Vérifiez, lors de l'achat, que briques et dallage sont non gélifs, car si l'un des deux matériaux se craquelle, tout l'ensemble sera perdu... Les dalles de béton reproduisent assez fidèlement toutes sortes de pierres naturelles ; grâce à la qualité du moulage et des teintes, il est difficile de s'apercevoir qu'il s'agit d'une imitation.

MONTAGE - ÉTAPES 17 À 20

17 Lorsque la mise en place des dalles est terminée, comblez les espaces vides sur les côtés. Déposez-y vos galets et enfoncez-les légèrement dans le mortier. Ils y seront scellés une fois le temps de prise écoulé.

18 Passez à la réalisation de la deuxième marche, en veillant à ne pas piétiner la première. N'oubliez pas d'ébaucher une inclinaison à l'aide du niveau à bulle.

19 Le temps passé à daller vos deux marches aura certainement suffi pour la prise du mortier assemblant les briques. À l'aide d'un bâtonnet à bout arrondi, retirez sans trop creuser l'excès de mortier du joint horizontal, et arrêtez à 1 bon cm de chaque extrémité. Faites de même pour les joints verticaux, puis remplissez d'éventuels manques entre les dalles débordant sur les briques.

20 Prenez maintenant le seau de terre que vous avez mis de côté lors de l'étape 3. Retirez-en les cailloux et passez-la au tamis.

SENTIER PARTICULIER

La réalisation de ce sentier ne demande aucune découpe de matériau ; vous pouvez même utiliser des dalles de récupération (voir variante p. 64). Les irrégularités susceptibles de survenir lors de la pose seront compensées par la mise en place de galets. Inutile de rechercher l'alignement parfait : ce sont ses imperfections et son aspect rustique qui font tout le charme de ce sentier.

MONTAGE - ÉTAPES 21 À 24

21 Avec la pelle-plan-toir, mélangez huit parts de terre et quatre parts de sable fin (voir ci-contre).

22 Étalez ce mélange au sol et saupou-drez-le de graines de thym, puis malaxez bien le tout.

23 Saupoudrez cette préparation sur les joints du dallage et compactez-la en tapotant à la brosse.

24 Lorsque tous les joints sont garnis, balayez le reste du mélange sur la deuxième marche. Remplissez de nouveau tous les joints et balayez l'excédent sans en laisser autour des galets.

SENTIER PLEIN D'ARÔMES

Nous vous proposons d'utiliser deux parts de terre tamisée pour une part de sable fin. Cette proportion non seulement améliore la capacité de drainage de la terre, mais l'empêche également de s'agglomérer par temps humide. Le thym, de croissance très lente, rompra la régularité du dallage tout en offrant ses subtiles émanations.

VARIANTE - AVEC DES DALLES DE RÉCUPÉRATION

1 Réalisez un sentier différent en réutilisant votre vieux dallage! Étalez une couche de sable d'épaisseur homogène et tassez-la bien. Disposez-y en longueur les fragments de dalles et aplanissez la surface à l'aide du niveau et du maillet. Vous pouvez alterner avec des briques, qui serviront également à combler les espaces vides. Assurez-vous de leur bonne mise à niveau.

2 Bordez de galets les deux côtés du sentier, en pressant fortement pour les incruster dans le sable.

3 Préparez un mélange de terre, de sable fin et de graines de thym comme indiqué aux étapes 21 et 22, p. 62. Appliquez-le à la brosse entre les dalles et les briques, et tassez légèrement.

4 Logez des petites plantes dans les interstices les plus importants pour obtenir une finition flatteuse, rendant votre sentier encore plus agréable à fréquenter.

TROUVER L'INSPIRATION

Ouvrez l'œil ! Feuilletez des revues et des livres de jardinage, des magazines de décoration, prenez des photos ou esquissez des croquis en visitant d'autres jardins : la synthèse de ces agréables démarches vous inspirera certainement un style très personnel.

Dans les jardineries, soyez à l'affût des matériaux appropriés : une dalle, un carreau vous plaisent ; achetez d'abord une pièce, pour juger de l'effet obtenu. Si vous êtes satisfait, évaluez alors correctement vos besoins.

BATEAU-BAC À SABLE

Donnez au jardin un petit air de bord de mer en installant pour les enfants ce joli bac à sable.
Tout est prévu : un couvercle pour le protéger de la pluie et des incursions animales,
tout comme l'emplacement du parasol, en prévision d'un été torride !

MATÉRIEL

- crayon
- spatule
- mèche plate de 30 mm
- ponceuse vibrante
- mèche plate de 16 mm
- foret conique
- mèche de 3 mm
- perceuse visseuse
- serre-joint
- scie sauteuse
- mètre à ruban
- scie égoïne
- scie à couple d'onglet
- équerre

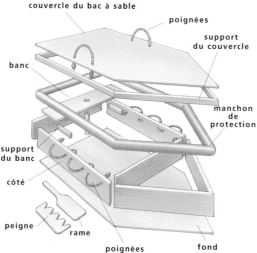

FOURNITURES

❖ Deux panneaux de contreplaqué, épaisseur 9 mm, de 1,80 × 1,20 m

❖ 6 m de planche rabotée, épaisseur 22 mm, largeur 15 cm

❖ Quatre tasseaux rabotés de 1,80 m, section 21 sur 28 mm

❖ Quatre liteaux bruts traités de 1,80 m, section 27 sur 40 mm

❖ Vis inoxydables 6 mm de longueurs 25, 30 et 40 mm

❖ 25 cm de tube en plastique, diamètre 30 mm

❖ Manchon d'isolation polyéthylène extrudé, longueur 4,50 m, diamètre 42 mm maximum

❖ Mastic ou pâte à bois à séchage rapide

❖ Papier de verre

❖ Lasure teintée, plusieurs coloris

❖ Colle à bois

❖ 3,60 m de corde Nylon en 16 mm environ

❖ Sable fin lavé

VARIANTE

❖ Grandes chutes de contreplaqué

❖ Papier de verre

❖ Lasure teintée

couvercle du bac à sable
poignées
support du couvercle
banc
manchon de protection
support du banc
côté
peigne
rame
poignées
fond

PRÉPARATION - ÉTAPES 1 À 4

1 Sur l'un des panneaux de contreplaqué, reportez les mesures d'un rectangle de 165 par 90 cm. Sur chacun des grands côtés, marquez un point à 45 cm d'une extrémité. Marquez le milieu du petit côté (45 cm) puis reliez-le aux deux autres points en tirant deux diagonales, dessinant ainsi la proue du bateau.

2 Soulevez le panneau et posez-le sur un support (blocs de pierres ou de bois) à 10 cm de hauteur au moins, afin de ne pas endommager la lame de la scie sauteuse. Placez la lame sur le trait, côté chute, et découpez la proue, en déplaçant si nécessaire les supports au fur et à mesure.

3 Préparez ensuite les parois du bac à sable : sur la planche de 15 cm sur 22 mm, mesurez et marquez deux longueurs de 85 cm et deux de 120 cm. Tirez vos traits à l'équerre et coupez à la scie sauteuse, en maintenant fermement le bois sur le plan de travail.

4 Marquez les deux longues planches d'un trait parallèle à un bon cm des extrémités. Sur chacun de ces traits, marquez trois points à intervalle régulier. Faites un avant-trou sur ces points et élargissez-les au foret conique. Posez l'une des longues planches à angle droit sur l'une des plus courtes, et assemblez-les par des vis de 40 mm. Répétez ces opérations à l'autre extrémité, puis retournez la structure et achevez le montage du cadre.

UTILISATION DES OUTILS ÉLECTRIQUES

Avant de se servir d'un outil électrique, il convient de bien se familiariser avec son mode de fonctionnement. Le cordon d'alimentation ne doit jamais se trouver sur la zone de travail; prévenez tout accident en installant un coupe-circuit. Entraînez-vous sur des chutes de bois avant d'aborder les sciages délicats ou difficiles. Enfin, si vous avez un doute concernant un outil spécifique, n'hésitez pas à vous faire conseiller par un professionnel ou demandez à une personne compétente de vous aider.

MONTAGE - ÉTAPES 5 À 8

5 Posez le cadre sur le fond rectangulaire et suivez au crayon ses contours internes, marquant ainsi l'épaisseur des côtés. Posez le fond sur le cadre, en laissant dépasser le triangle de proue. Faites un trou au foret conique à chaque coin, puis assemblez au cadre avec des vis de 40 mm. Fixez le fond sur les parois en perçant des avant-trous et en vissant tous les 10 cm environ.

6 Confectionnez des parois pour la proue triangulaire : inclinez à 45° la lame de la scie sauteuse et sciez l'extrémité d'une des planches de 15 cm sur 22 mm. Ajustez ce bord de coupe sur l'un des coins de la boîte et faites une marque correspondant au sommet de la proue. Tirez un trait à l'équerre et sciez à 45°. Faites le deuxième côté du triangle de la même façon.

7 Percez et fraisez deux avant-trous aux deux extrémités d'un des côtés et à une seule extrémité pour l'autre côté (le sommet du triangle ne nécessite qu'un seul jeu de deux vis). Placez les parois sur la base et vissez-les contre la boîte rectangulaire, avec des vis de 40 mm. Assemblez le sommet. Retournez la boîte et fixez le fond sur les parois triangulaires avec les vis de 40 mm, espacées d'environ 10 cm.

8 Pour la fabrication du banc, mesurez la largeur intérieure de la boîte, à l'arrière du bateau. Elle devrait être de 90 cm, mais il est toujours bon de vérifier et d'adapter à vos propres mesures si nécessaire. Sciez un morceau de cette longueur dans la planche de 15 cm sur 22 mm.

PLAN DE TRAVAIL

Les dimensions imposantes de cet ouvrage supposent une grande surface de travail. Patio ou terrasse dallée feront l'affaire, pourvu que leur surface soit bien plane et que vous disposiez d'une prise électrique à proximité. Posez le panneau de contreplaqué sur des planches afin de ne pas endommager les mèches lors du perçage. Un établi portable est très utile pour le maintien des pièces à découper ou à scier ; si vous n'en possédez pas, un solide tabouret muni de deux serre-joints fera l'affaire.

MONTAGE - ÉTAPES 9 À 12

9 Le banc est fixé par deux supports, à découper dans le tasseau de 28 sur 21 mm. Mesurez 20 cm et tracez à l'équerre une diagonale à 45°, 20 cm représentant le côté le plus long de cette pièce. Coupez à la scie sauteuse puis réalisez un deuxième support.

10 Percez un avant-trou et fraisez-le à environ 4 cm de chaque extrémité des supports. Déterminez leur emplacement sur les parois internes du bac : tracez un trait à 10 cm du fond, de chaque côté. Placez le haut du support contre ce trait, face biseautée vers le bas. Fixez avec des vis de 30 mm.

11 Le banc doit être percé d'un trou dans lequel se fichera le pied du parasol. Au milieu du banc et à 5 cm d'un des bords, creusez avec la mèche plate de 30 mm (voir ci-dessous).

12 Traversez le fond du bac d'une ligne parallèle à 20 cm de la paroi arrière. Posez le banc sur cette ligne, placez la mèche verticalement dans le trou et appuyez pour que sa pointe laisse une marque sur le fond. Retirez le banc, glissez un support de bois sous le fond, et percez sur ce repère.

CONSEIL DU PROFESSIONNEL

Les mèches plates s'adaptent sur toutes les perceuses. On obtient des trous ronds bien nets où peuvent s'insérer tourillons et autres formes cylindriques. La largeur de son extrémité aplatie correspond au diamètre désiré, la pointe centrale permettant un centrage précis. Entamez la surface du bois avec un poinçon, posez la pointe dans cet orifice, puis percez sans appuyer trop fort, mais en maintenant la perceuse bien verticale. Le trou doit être à 90° pour que le parasol soit parfaitement vertical.

MONTAGE - ÉTAPES 13 À 16

13 Fixez deux vis de sécurité dans les parois extérieures : percez deux avant-trous à 17 et 10,5 cm du bord, 3 cm au-dessous du bord supérieur du bac (les vis doivent traverser la paroi et le banc, non le support). Placez le banc sur les supports : son bord avant doit reposer sur l'extrémité des biseaux. Assemblez avec les vis de 40 mm.

14 Renforcez le fond en plaçant un liteau de 27 × 40 mm sur ses deux plus longs bords. Alignez leur extrémité sur la paroi arrière, et vissez-les dans les bords du bac avec les vis de 40 mm. Ajoutez deux autres liteaux, également espacés, sur le fond. Vissez-les à l'arrière et à l'avant.

15 Guidez la scie sauteuse sur les bords de la proue pour ôter l'excédent de bois. Restez le plus près possible de la paroi, en veillant à ne pas l'entamer avec la lame.

16 Percez les trous d'arrimage pour les poignées de corde : posez le bac sur un côté et tirez une ligne parallèle à 5,5 cm de son bord ; marquez six points de perçage à 25 - 47,5 - 55 - 77,5 - 85 et 107,5 cm de l'extrémité de la paroi. Pour éviter l'éclatement du bois, calez un morceau de bois avec le serre-joint sous chaque point de perçage. Utilisez la mèche plate de 16 mm. Procédez aux mêmes opérations sur l'autre paroi.

PROTECTION DU FOND

Importants, les liteaux fixés sous le fond du bac le sont à plusieurs titres. En le renforçant, ils lui évitent des déformations ou un affaissement sous le poids conjugué du sable et des enfants. De plus, les liteaux surélevant le fond l'isolent de l'humidité du sol, permettant à l'air de circuler : le risque de pourrissement est ainsi diminué. Nous vous recommandons d'utiliser des liteaux traités, qui résisteront beaucoup mieux aux attaques des insectes xylophages.

MONTAGE - ÉTAPES 17 À 20

17 Le tuyau de plastique sert de support au parasol : insérez-le dans le trou au milieu du banc. Marquez l'endroit où il affleure le bois, retirez-le et coupez-le sur ce trait à la scie sauteuse. Remettez-le en place : il ne doit pas dépasser de la surface du banc.

18 Afin de mesurer au plus fin les dimensions du couvercle, il faut mettre temporairement en place le manchon de protection. En opérant avec prudence, fendez le manchon au cutter ; suivez la ligne prévue à cet effet.

19 Les extrémités du manchon sont biseautées pour parfaire la finition. Placez le manchon sur le carreau de coupe, fente vers le bas. Sciez lentement en le maintenant droit.

20 Installez le manchon en partant du sommet du triangle. Retaillez-le au cutter pour l'adapter au croisement formé par la paroi avant.

ARRONDISSEZ LES ANGLES

Le manchon d'isolation, détourné de son usage traditionnel, offre une protection fort moelleuse ! Il est facile à couper et à poser, résiste aux chocs et à l'humidité. Il n'évitera pas tous les bobos et égratignures dont les enfants sont coutumiers, mais contribuera à leur prévention. De plus, sa forme rappelle incidemment le bordage d'une barque.

MONTAGE - ÉTAPES 21 À 24

21 Le couvercle, légèrement débordant, est donc plus large que le fond. Posez au sol le deuxième panneau de contreplaqué, et superposez-lui le bac retourné. Tracez ses contours en ajoutant 2 ou 3 cm d'épaisseur. Découpez à la scie sauteuse.

22 Fiez-vous aux mesures du couvercle pour couper cinq longueurs dans les tasseaux de 21 × 28 mm, qui doivent s'adapter sous les bords du couvercle. Percez-les d'avant-trous à intervalles réguliers et fraisez-les. Biseautez les angles ou laissez des espaces aux intersections. Assemblez avec des vis de 25 mm.

23 Avec la mèche plate de 16 mm, percez de chaque côté du couvercle les trous prévus pour les poignées, à 5 cm des bords latéraux et à 67 et 90 cm du bord arrière. Retirez le manchon, puis recouvrez toutes les vis de pâte à bois. Lorsque tout est sec, poncez le bac dans son intégralité, en insistant sur les bords pour en arrondir les angles.

24 Lasurez ou peignez votre bac à sable en utilisant des teintes différentes selon les parties. Respectez le temps de séchage et passez les bordures du bac à la colle à bois avant d'y appliquer le manchon de protection. Mettez les poignées en place et nouez-en les extrémités.

QUEL SABLE CHOISIR ?

Bien entendu, le plus économique se trouve au rayon construction des grandes surfaces de bricolage. Achetez du sable fin et lavé, qui est prévu pour cet usage, sans lésiner sur la quantité car le bac doit être assez plein. Rappelez-vous que les chats sont irrésistiblement attirés par le sable : couvrez toujours le bac après le jeu.

VARIANTE - PEIGNES ET RAMES

1 Réalisez un gabarit ou dessinez à main levée les contours de trois rames dans une chute de contreplaqué. Effectuez les découpes en tenant fermement le morceau de contreplaqué.

2 Pour les peignes, il est conseillé de faire un gabarit. Découpez en laissant aux peignes leurs dents pointues, vous les arrondirez ensuite.

3 Poncez toutes les pièces en arrondissant bien les angles.

4 Lasurez ou peignez ces jouets de couleurs vives.

JOUETS DU BAC À SABLE

Nul besoin d'équipements complexes, comme vous le constaterez en regardant jouer vos enfants ! Pour tracer des routes, une pelle de style « bulldozer » suffira amplement. On peut labourer un champ à l'aide du peigne ou l'aplanir d'un coup de rame ! Un manche à balai rétréci creuse les puits tandis qu'une boîte de carton permet l'édification de murailles !

TABLE ET BANCS DE PIQUE-NIQUE

*Pratique, démontable, colorée : installez cette table de pique-nique où bon vous semble
pour d'agréables repas en plein air ! Son atout incontournable ? Ni vis ni chevilles,
mais un assemblage par encoches, simple et astucieux.*

MATÉRIEL

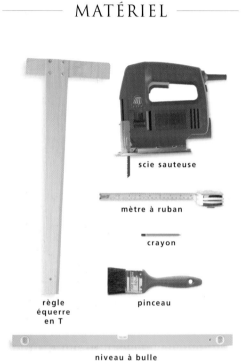

scie sauteuse

mètre à ruban

crayon

pinceau

règle
équerre
en T

niveau à bulle

FOURNITURES

❖ Un panneau de contreplaqué qualité
« marine » CTB X, épaisseur 18 mm,
250 × 122 cm (voir nos conseils p. 78)

❖ Papier de verre

❖ Teinture pour bois en phase aqueuse,
de couleurs vives

❖ Vernis incolore

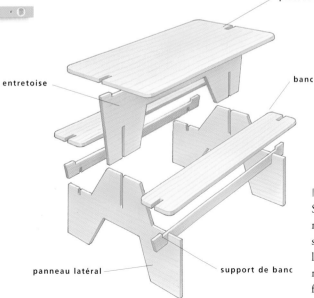

plateau

entretoise

banc

panneau latéral

support de banc

NOTE

Si vous avez déjà une longue expérience de la
menuiserie, vous pouvez vous passer d'établi et de
serre-joints. Une caisse à outils, par exemple, fera
l'affaire. En revanche, le débutant doit se procurer ce
matériel ou faire exécuter les découpes par son
fournisseur.

PRÉPARATION - ÉTAPES 1 À 4

1 Il faut reporter sur le panneau les mesures du gabarit (p. 84-85). Réquisitionnez une vaste surface plate (dans votre atelier ou votre jardin) pour poser le panneau de contreplaqué à même le sol. Dessinez le premier panneau latéral.

2 Dessinez le second panneau en l'imbriquant dans le premier. Utilisez une très longue règle (té ou tasseau rectiligne) pour tracer vos droites.

3 Dessinez l'entretoise dans la largeur du panneau, ce qui vous épargnera plusieurs mesures. Portez une attention particulière à la mesure et au dessin des encoches.

4 Redoublez d'attention lors de l'esquisse des deux supports de banc, dont dépend la stabilité de l'ensemble. Rappelez-vous que tous les éléments doivent s'imbriquer parfaitement.

LE DESSIN ET LA DÉCOUPE

Reportez d'abord les mesures au crayon, dont le trait se gomme en cas d'erreur ; repassez au feutre si le trait de crayon n'est pas bien visible, non sans vous assurer au préalable de la justesse de vos plans. Il n'est pas obligatoire de porter toutes les dimensions en une seule fois : dessinez et découpez au fur et à mesure, rendant petit à petit le panneau de dimensions plus commodes.

MONTAGE - ÉTAPES 5 À 8

5 Placez-vous à l'autre extrémité du panneau, et mesurez 65 cm : ce rectangle formera le plateau de la table. Marquez à la suite deux rectangles de 20 cm pour les bancs.

6 Posez le panneau sur des supports afin de ne pas endommager la lame de la scie, puis commencez par découper le plateau et les bancs, de coupe droite et facile. Vous aurez peut-être besoin d'installer un guide de coupe, par exemple un tasseau rectiligne fixé sous le panneau avec des serre-joints.

7 Faites très attention à la découpe des angles! Pour découper un angle droit rentrant, suivez le trait de coupe jusqu'à 2 ou 3 cm de l'angle, puis arrondissez en rejoignant le trait perpendiculaire. Une fois l'élément complètement découpé, il est facile de parfaire l'angle en deux coups de scie.

8 Les angles de l'entretoise et des panneaux latéraux sont découpés en faisant pivoter la scie pour suivre le trait, car ces éléments sont imbriqués les uns dans les autres. Une poussée plus vigoureuse sur la scie facilite son pivotement.

CONTREPLAQUÉ

Assurez une bonne longévité à votre table de pique-nique en choisissant un contreplaqué de qualité «marine» aux normes CTB X, le plus résistant aux intempéries. Le sciage endommage souvent la surface du contreplaqué, surtout si la lame de la scie est trop épaisse. Épargnez-vous ces désagréments en entamant d'abord le bois au cutter. Poncez les bords de coupe par mouvements brefs de haut en bas, l'action contraire risquant de soulever la couche superficielle du contreplaqué.

MONTAGE - ÉTAPES 9 À 12

9 Le découpage des éléments achevé, marquez l'emplacement et la profondeur des encoches. Une fois de plus, opérez avec minutie! Aidez-vous du chant d'une petite chute de contreplaqué pour éviter de mesurer à chaque fois la largeur des encoches.

10 Sciez les encoches en restant à l'intérieur des traits, un côté après l'autre, sans aller jusqu'au fond. Terminez la coupe du deuxième trait en faisant pivoter la lame pour rejoindre le premier. Vous gagnez ainsi de l'espace pour manipuler la lame et détacher le fond de l'encoche.

11 Vérifiez la bonne largeur des encoches en y insérant une petite chute de contreplaqué. Une encoche trop étroite s'élargit au papier de verre.

12 Sciez maintenant les deux encoches qui permettent au plateau de s'ajuster sur l'entretoise.

TEINTURE POUR BOIS

Curieusement, la teinture en phase aqueuse est le produit qui convient le mieux aux ouvrages en bois destinés à l'extérieur. En imprégnant le bois, la couleur se répartit en surface et en épaisseur, et pas seulement en superficie. Entre autres avantages, la teinture sèche rapidement, son odeur n'est pas agressive, les éclaboussures sont très faciles à nettoyer. De plus, les solvants utilisés lors de la fabrication sont peu nocifs pour l'environnement.

MONTAGE - ÉTAPES 13 À 16

13 Pour éviter les accidents, arrondissez les angles du plateau. Une simple soucoupe d'environ 10 cm de diamètre fera l'affaire : posez-la à l'angle et tracez-en les contours.

14 Découpez avec précaution. Nous vous conseillons de faire de même pour les bancs.

15 À l'aide d'un rectangle de bois enveloppé de papier de verre, poncez tous les bords de coupe pour bien les émousser.

16 Le ponçage des encoches se fait comme suit : pliez en deux une feuille de papier de verre et opérez par un mouvement de va-et-vient. Prenez votre temps, car des bords bien arrondis sont la garantie d'une belle finition.

UTILISATION DE LA PONCEUSE

Une mauvaise manœuvre de la ponceuse peut provoquer des inégalités de surface, voire des surcreusements. Entraînez-vous auparavant sur une chute de bois pour vous familiariser avec la vitesse et l'efficacité de l'outil. Vous trouverez plusieurs sortes de ponceuses dans le commerce, depuis le simple disque abrasif à adapter sur une perceuse, jusqu'à la ponceuse à bande réservée aux plus gros travaux. Utilisez un papier de verre à grains moyen et fin.

MONTAGE - ÉTAPES 17 À 20

17 La table est prête à être assemblée. Faites-le avant de la peindre, car vous devrez peut-être apporter quelques modifications. Commencez par placer l'entretoise sur un des panneaux latéraux.

18 Imbriquez le second panneau, ce qui permet d'équilibrer l'ossature. Si l'ajustement vous paraît difficile, il est peut-être nécessaire de repasser les encoches au papier de verre.

19 Posez les supports de banc à leur place. Leur ajustement doit être parfait car leur importance est double : ils consolident la construction et maintiennent les assises.

20 Installez les bancs sur leurs supports.

DERNIÈRES RETOUCHES

L'assemblage par encoches ne souffre aucun à-peu-près ! La stabilité de l'ouvrage en dépend. Lors du montage-test avant peinture, il faudra peut-être élargir les encoches. Prenez du papier de verre (et non la scie) pour effectuer ces retouches. Une fois les éléments démontés et peints, encoches comprises, frottez ces dernières à la bougie pour faciliter le remontage.

MONTAGE - ÉTAPES 21 À 24

21 Posez le plateau en l'insérant dans ses encoches, et vérifiez sa parfaite horizontalité avec le niveau à bulle.

22 Une couche de peinture ou de vernis prolongera l'existence de la table, mais auparavant il faut la démonter ! Protégez le sol avec de vieux journaux et munissez-vous d'un pinceau propre et de chiffons.

23 Badigeonnez les bancs de teinture à l'eau (voir p. 79), qui rehausse la veine du bois. N'hésitez pas à passer plusieurs couches, mais respectez le temps de séchage après chacune.

24 Habillez la table de couleurs contrastées, à moins que vous ne préfériez l'assortir à d'autres pièces de votre mobilier de jardin.

ISOLER LA TABLE DU SOL

Seuls les panneaux latéraux sont en contact avec l'humidité du sol. Isolez-les par une bande de feutre bitumé que vous fixerez avec des pointes, ou bien surélevez la table sur des cales de bois. Dans tous les cas, veillez à l'installer sur une surface parfaitement plane : déjeuner sur une table bancale n'a vraiment rien d'agréable !

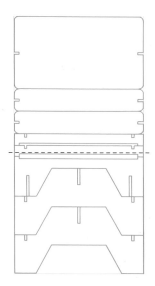

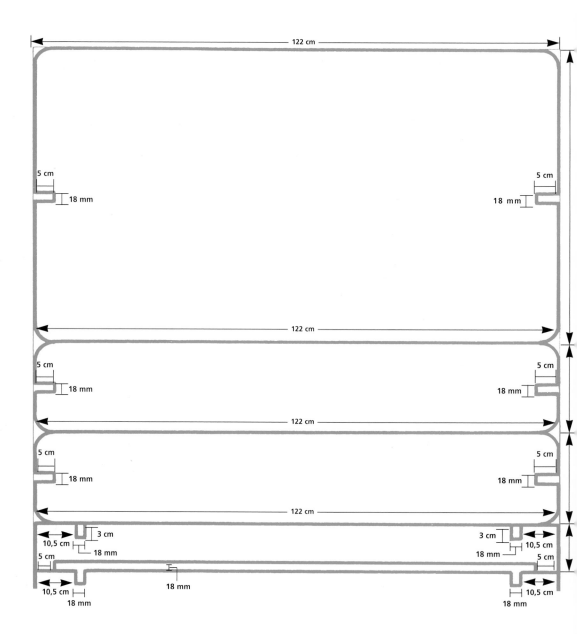

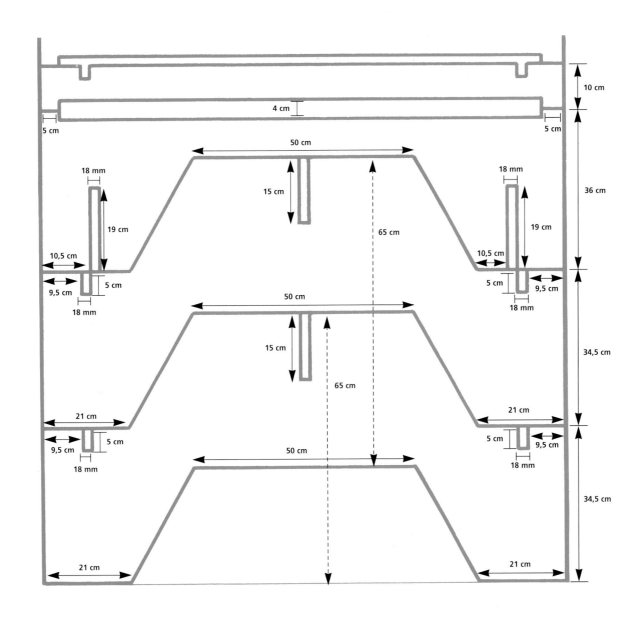

UTILISATION DU SCHÉMA DE COUPE

Un panneau de 122 x 250 cm est amplement suffisant pour réaliser cette table (voir petit schéma page ci-contre). La largeur des encoches correspond à l'épaisseur du panneau. Si vous manquez de place pour le dessin et la coupe du panneau, faites-le scier en plusieurs sections par le fournisseur, afin de le rendre plus maniable. Munissez-vous bien évidemment de ce schéma pour déterminer avec lui la dimension des sections.

BARBECUE EN BRIQUES

Quoi de plus convivial qu'une soirée en famille ou entre amis autour du barbecue ?
Non content de prodiguer de fameuses grillades, ce barbecue de réalisation simple
ornera en permanence un coin de votre jardin.

MATÉRIEL

seau

scie à métaux

mètre à ruban

pelle

massette

ciseau à briques

niveau à bulle

truelle de briqueteur

poinçon

gants

FOURNITURES

❖ Deux grilles pour barbecue, ou rectangles de grillage à mailles soudées, de 39 × 66 cm

❖ 98 briques

❖ Craie

❖ 50 kg de sable fin

❖ 50 kg de ciment

❖ Une dalle d'ardoise de 57 × 93 cm

❖ Une dalle d'extérieur en bois de 50 × 50 cm

❖ Ficelle

❖ Laine d'acier

❖ Trois crochets à visser en laiton

NOTES

L'emplacement du barbecue étant définitif, il convien
de lui assigner une place adéquate, de préférence l
long d'un mur et loin de tout matériau inflammable

La surface qui supporte le barbecue doit être dure e
plane. Si votre sol ne répond pas à ces critères
comptez une journée de travail supplémentaire pou
l'aplanir et le préparer à recevoir un dallage.

La manipulation du ciment requiert le port de gant
de protection.

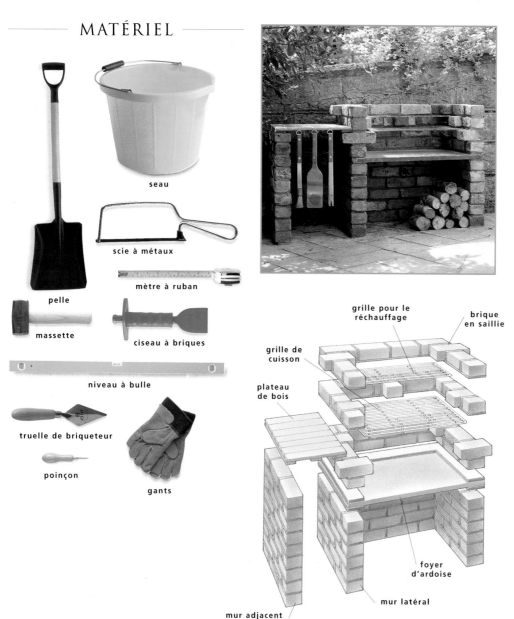

grille pour le réchauffage

brique en saillie

grille de cuisson

plateau de bois

foyer d'ardoise

mur latéral

mur adjacent

PRÉPARATION - ÉTAPES 1 À 4

1 Choisissez un endroit sûr et commode pour l'installation du barbecue (voir note p. 86). Posez une des grilles à même le sol et entourez-la de briques, à l'arrière et sur les côtés, en laissant un espace d'un centimètre au moins. Ménagez un même espacement entre les briques.

2 Retirez doucement la grille et contournez le mur à la craie, à 2,5 cm environ. Enlevez les briques, mettant au jour les guides qui vous serviront à poser la première rangée (voir nos conseils p. 91).

3 Préparez le mortier sur une surface plane et facile à nettoyer, ou sur un grand panneau de contreplaqué. Faites un tas de dix pelletées de sable et deux de ciment ; mélangez bien, en retournant plusieurs fois jusqu'à obtention d'une couleur homogène.

4 Creusez un cratère au milieu du tas et remplissez-le à moitié d'eau. À la pelle, poussez les bords du monticule vers le milieu, retournez, soulevez, pour obtenir un mortier de consistance un peu épaisse (voir ci-dessous).

PRÉPARATION DU MORTIER

Utilisez votre pelle comme unité de mesure : une part de ciment pour cinq de sable fin. Attention à la quantité d'eau ! La consistance idéale est obtenue lorsque la truelle appuyée sur la surface du mortier y laisse son empreinte. Si l'empreinte s'efface, il y a trop d'eau : ajoutez alors un peu de sable. À l'opposé, un mortier qui se craquelle est trop sec : ajoutez de l'eau.

MONTAGE - ÉTAPES 5 À 8

5 Commencez par une extrémité. Étalez une bonne truelle de mortier entre vos guides, sans les recouvrir. Faites aller et venir la truelle dans l'épaisseur du mortier, de manière à tracer un sillon au milieu de la couche (ceci afin d'améliorer la cohésion entre les briques).

6 Posez la première brique sur un des coins arrière, bien entre les deux lignes de craie, et pressez-la sur le lit de mortier. Tapez-la énergiquement avec la truelle.

7 Appliquez du mortier sur la boutisse (petit côté) de la deuxième brique. Imprimez un cran dans le mortier en y poussant la pointe de la truelle.

8 L'alignement délimité par la craie étant toujours respecté, poussez la brique contre la première tout en l'enfonçant dans le lit de mortier. Éliminez l'excès de mortier au niveau des joints (voir ci-dessous).

CONSEIL DU PROFESSIONNEL

Chaque fois que vous enduisez vos briques de mortier, il en tombe un peu par terre : vous risquez fort de bientôt patauger dans une infâme mixture ! Prenez l'habitude de le récupérer à la truelle (ainsi que l'excédent provenant des joints), et utilisez-le après l'avoir réincorporé au mélange initial. Les petits débris seront ramassés avec une vieille balayette.

MONTAGE - ÉTAPES 9 À 12

9 Une fois la rangée achevée, vérifiez-en le niveau. Vous devrez faire de même pour chaque rangée édifiée. Contrôlez aussi l'alignement latéral des briques, et retouchez-le si nécessaire, par tapotements de la truelle.

10 Posez maintenant la première couche du mur adjacent. L'angle formé par ce dernier contre le mur arrière devant être de 90°, utilisez votre équerre.

11 Posez la seconde rangée de briques en alternant les joints. Il vous faut donc une demi-brique à chaque extrémité. La coupe d'une brique s'effectue sur une surface plane. Posez le ciseau au milieu de la longueur étroite de la brique, et frappez-le du marteau ; tournez la brique sur une autre face et frappez encore, et ainsi de suite jusqu'à ce que la brique se scinde en deux.

12 Le mur sera instable pendant 24 heures : prenez vos précautions pour ne pas le malmener ! Utilisez le manche de la truelle pour sceller les briques d'angle, sans oublier de retirer l'excès de mortier.

COUPE D'UNE BRIQUE

C'est chose facile avec l'équipement adéquat. Le coup de massette se répercute sur toute la largeur du ciseau à briques, grâce à son manche très court. Posez la brique sur une surface plane, marquez le trait de coupe avec le ciseau, manche légèrement incliné. Donnez un coup de massette : vous obtenez deux morceaux de brique aux angles nets.

MONTAGE - ÉTAPES 13 À 16

13 Vérifiez les niveaux horizontaux et verticaux en plaçant le niveau à bulle contre les bords et toutes les parois des murs. Si nécessaire, remettez les briques en place à petits coups de truelle. Mesurez l'écartement des murs à chacune des six rangées.

14 Posez le foyer d'ardoise sur la sixième rangée. Il doit recouvrir les murs de tous côtés (voir ci-dessous).

15 Retirez-le, puis étalez une couche de mortier sur le sommet des murs. Replacez le foyer de manière à ce que son bord avant s'aligne sur l'avant des murs latéraux. Appuyez fortement pour la sceller dans le mortier, et retirez-en les excès. Étalez une couche de mortier sur le pourtour de la dalle du foyer et posez une nouvelle rangée de briques en l'alignant sur les précédentes.

16 La huitième rangée doit comporter des saillies qui soutiendront la grille de cuisson. Faites d'abord la rangée du fond, puis disposez la première brique des murs latéraux en porte-à-faux, de façon à ce qu'un quart de sa longueur dépasse de chaque côté. Posez les suivantes normalement, sauf la dernière qui doit également faire saillie à angle droit.

CONSEIL DU PROFESSIONNEL

Si vous ne trouvez pas d'ardoise aux dimensions requises, une grande dalle de pavage conviendra.

Ces matériaux résistent à la chaleur et supporteront le charbon incandescent, de même que le nettoyage au tuyau d'arrosage.

MONTAGE - ÉTAPES 17 À 20

17 La neuvième rangée doit comporter deux briques en saillie sur les murs latéraux et une autre au milieu du mur arrière. Veillez à décaler les saillies des murs latéraux de celles du huitième rang. À la dixième et dernière rangée, une seule brique fera saillie, contre le mur arrière.

18 Déterminez l'emplacement du mur adjacent en posant la dalle de bois au sol, bien calée contre le mur du barbecue. Tracez une ligne à la craie du côté opposé. Faites de même de l'autre côté si vous désirez flanquer votre barbecue de deux étagères.

19 Alignez le mur adjacent : attachez une ficelle à la première rangée des deux murs du barbecue et montez neuf rangées de briques, la dernière devant être de moindre épaisseur (à cause de l'épaisseur de l'ardoise). Coupez ces briques dans leur longueur en utilisant la même technique que précédemment.

20 Le mortier a certainement acquis la consistance idéale pour la finition des joints : creusez-les précautionneusement en y passant doucement un bâtonnet à bout arrondi. Enfin, nettoyez murs et sol alentour à la brosse.

BONS REPÈRES

Posez une rangée de briques et, tenant compte de l'espace qui sera occupé par le mortier, entourez cette silhouette à la craie. Cette précaution vous permettra d'édifier un barbecue aux murs bien ordonnés. Les murs latéraux s'alignent sur l'ouvrage principal à l'aide d'un cordeau, tendu au ras du sol et affleurant les parois du barbecue. La ligne droite ainsi obtenue est un repère très fiable.

FINITION - ÉTAPES 21 À 24

21 Pour ne pas gêner les manipulations d'aliments, la grille de maintien au chaud (voir schéma p. 86) doit être plus étroite que la grille de cuisson. Posez la grille sur deux briques, puis mesurez et sciez à la largeur requise avec la scie à métaux. Émoussez les traits de coupe à la laine d'acier et installez votre grille sur les deux saillies supérieures.

22 Insérez la grille de cuisson à sa place, reposant sur les quatre saillies. Cette surface stable et spacieuse pourra accueillir quantité de grillades.

23 Posez l'étagère de bois sur le mur et les saillies extérieures du barbecue. L'étagère n'étant pas fixée sur son support, il vous faudra l'utiliser avec précaution !

24 Percez quatre trous avec le poinçon sur le rebord de l'étagère, et vissez les crochets de laiton. Vous y suspendrez vos ustensiles pour les avoir toujours à portée de main.

CONSEILS DE SÉCURITÉ

Évitez les chutes de braises en n'utilisant que les deux tiers du foyer, et préférez les ustensiles à long manche qui évitent d'avoir à travailler trop près de la source de chaleur ; un seau d'eau à portée de main sera très utile pour pouvoir éteindre le feu à tout moment.

Laissez le charbon se consumer pendant une bonne demi-heure avant d'installer vos grillades : la chaleur, plus douce et bien répartie, évitera l'inflammation et la projection des matières grasses. Enfin, mieux vaut prévoir à vos côtés une trousse de premiers soins.

NICHOIR

*Montrez-vous accueillant pour les oiseaux : construisez-leur ce nichoir qui ne manquera pas
d'attirer un couple de passereaux. Pensez à percer un tout petit orifice d'entrée pour que pies
et autres prédateurs ne puissent accéder au nid.*

— MATÉRIEL —

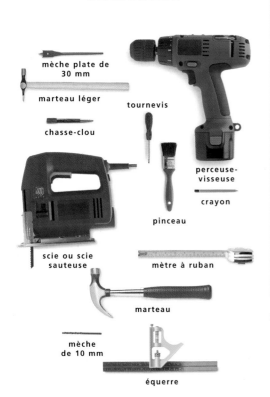

mèche plate de 30 mm

marteau léger

tournevis

chasse-clou

perceuse-visseuse

crayon

pinceau

scie ou scie sauteuse

mètre à ruban

marteau

mèche de 10 mm

équerre

— FOURNITURES —

❖ Deux longueurs de 2 m de lambris à rainure et languette

❖ Colle à bois pour l'extérieur

❖ 90 cm de carrelet, section 21 × 21 mm

❖ Pointes moulures de 20 ou 25 mm

❖ Papier de verre

❖ Planchette de pin de largeur 30 cm environ, épaisseur 21 mm, longueur 120 cm

❖ Clous, de longueurs 30 et 50 mm

❖ 30 cm de baguette ronde, diamètre 10 mm

❖ Vernis extérieur à séchage rapide

❖ Chaînon et crochet

— VARIANTE —

❖ Papier de verre

❖ Peinture grise et blanche

❖ Planchette de pin de largeur 15 cm, épaisseur 23 mm, longueur 70 cm

❖ Mèche de 3 mm et vis de 6 mm

❖ Pâte à bois pour l'extérieur

❖ 1,80 m de carrelet, section 50 × 50 mm (voir note)

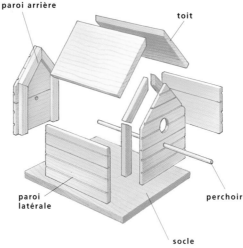

paroi arrière

toit

paroi latérale

socle

perchoir

NOTE

Le tasseau utilisé pour la variante aura son extrémité
plantée dans le sol : pensez à le traiter!

PRÉPARATION - ÉTAPES 1 À 4

1 Reportez la longueur des parois latérales sur le lambris, soit quatre fois 25 cm. Procédez en marquant et sciant au fur et à mesure ou attendez d'avoir pris tous vos repères avant de scier.

2 Pour la paroi arrière, mesurez six fois 21 cm. Opérez soigneusement car toutes les pièces doivent s'assembler parfaitement.

3 Sciez les éléments. Si vous utilisez la scie sauteuse, assurez-vous que le câble d'alimentation est de longueur suffisante pour éviter toute gêne.

4 Assemblez les parois avant et arrière : appliquez un serpentin de colle dans la rainure d'un des lambris de 21 cm et imbriquez-y la languette d'un autre. Ajoutez un troisième lambris pour achever la paroi. Montez la paroi opposée avec les trois lambris restants. Les murs latéraux sont faits de même manière, en encollant cette fois deux lambris de 25 cm pour chaque côté. Laissez sécher.

MÈTRES AVEC BLOCAGE DU RUBAN

Cet article essentiel facilite grandement la prise de mesures : le blocage du ruban est idéal pour les mesures aux endroits peu accessibles ou sur les grandes longueurs. Le ressort de rappel dont il est équipé permet de l'enrouler aisément.

MONTAGE - ÉTAPES 5 À 8

5 Il faut découper des pignons sur les façades avant et arrière : faites un point au milieu d'un des petits côtés puis tracez avec l'équerre deux diagonales à 45°. Si vous n'avez pas d'équerre, faites un point sur chaque grand côté à 10 cm du sommet et joignez-les au point sommital. Coupez les pignons à la scie sauteuse.

6 Mesurez la hauteur des façades (elle devrait être d'environ 15 cm). Comparez-la à la hauteur des murs latéraux qu'il faudra peut-être retoucher.

7 Posez les façades sur le plan de travail, côté intérieur sur le dessus. Masquez un des côtés avec une épaisseur de lambris et calez contre elle le carrelet de 21 × 21 mm. Tirez un trait le long du tasseau, repérant ainsi son futur emplacement. Faites de même sur le côté opposé et le fond, mais le long des pignons n'utilisez pas la chute de lambris.

8 Coupez le carrelet aux longueurs adéquates en biseautant légèrement les extrémités : leur assemblage sera plus précis. Appliquez un serpentin de colle entre les repères marqués sur la façade. Placez les carrelets contre le trait au crayon en laissant libre l'espace de l'épaisseur du lambris. Collez ensuite les carrelets le long du bord sur les pignons.

COLLE À BOIS

Il n'est pas nécessaire d'appliquer une grosse quantité de colle pour avoir une meilleure adhérence. La colle à bois renferme de l'eau qui s'évapore : dans une couche de colle trop épaisse, son évaporation provoque la formation d'interstices. Pour obtenir le meilleur résultat, déposez une couche fine et régulière sur les deux surfaces à assembler, frottez-les légèrement l'une contre l'autre pour créer un effet de ventouse qui favorisera l'adhérence.

MONTAGE - ÉTAPES 9 À 12

9 L'ensemble sera plus résistant si vous clouez les parties encollées. Il vous faut environ trois pointes par côté, et deux pour chaque pignon. Clouez du côté extérieur puis poussez les pointes au chasse-clou.

10 Sur l'une des deux façades, marquez l'entrée circulaire : elle se trouve au centre, à environ 12,5 cm de hauteur. Posez la façade sur l'établi, et percez avec la mèche plate de 30 mm. À 7,5 cm de hauteur, repérez et percez l'emplacement du perchoir avec la mèche de 10 mm. Poncez l'intérieur des deux orifices.

11 Passez maintenant à l'assemblage du nichoir : encollez les tasseaux sur leur face extérieure, et appliquez-y les parois correspondantes. Maintenez l'ensemble au moins une minute, le temps que la colle durcisse. Reposez-le et laissez sécher le temps nécessaire.

12 Pendant ce temps, découpez le toit dans la planchette de pin : il faut un rectangle de 21 × 30 cm et un autre de 19 × 30 cm. Le morceau restant sera utilisé pour faire le fond du nichoir.

CONSEIL DU PROFESSIONNEL

Le ponçage de certains orifices se révèle souvent difficile, car on peut à peine y introduire le doigt ! Enroulez le papier de verre autour d'un cylindre de circonférence adéquate (un crayon par exemple, pour le perchoir). Une bonne abrasion favorise une adhérence maximale. Un ponçage léger au papier fin est suffisant pour les avant-trous.

FINITION - ÉTAPES 13 À 16

13 Posez le petit rectangle sur son plus grand bord et encollez le bord opposé. Appliquez-y le grand côté du grand rectangle, et maintenez le tout jusqu'au durcissement de la colle. Consolidez ensuite avec quelques clous de 50 mm, enfoncés à intervalles réguliers.

14 Mettez le toit en place : fiez-vous à votre œil pour bien le centrer, et collez-le sur les pignons. Après séchage, consolidez avec des clous au niveau des tasseaux, puis poussez-les au chasse-clou.

15 Préparez le socle : prenez les mesures à la base du nichoir et reportez-les sur la planchette en ajoutant 5 cm de long et 5 cm de large. Découpez ce rectangle. Posez le nichoir dessus et centrez-le, puis dessinez ses contours. Coupez deux longueurs de tasseau de dimension égale aux grands côtés du nichoir. Posez-les contre les traits, côté intérieur, et clouez-les.

16 Insérez le tourillon dans son orifice. Mesurez 7,5 cm à partir du bas sur la façade opposée et enfoncez une pointe à cet endroit, fixant du même coup le tourillon à sa place. Badigeonnez votre nichoir de teinture ou de vernis, et attendez que tout soit bien sec pour coller et clouer le socle. Vissez un crochet au milieu du faîte si votre nichoir est destiné à être suspendu.

CENTRAGE D'UN OBJET SUR UN SOCLE

C'est chose facile pour des formes rectangulaires ou carrées : alignez le nichoir sur un des côtés du socle, et mesurez à l'opposé ce qui reste de la largeur du socle. Divisez cette mesure par deux et tirez une parallèle sur le grand côté. Faites de même pour le petit côté, tirez une parallèle. Superposez un angle du nichoir sur l'angle à 90° des deux traits pour le centrer parfaitement.

VARIANTE - NICHOIR ET SUPPORT

1 Construisez votre nichoir en suivant les étapes 1 à 16, mais ne le fixez pas sur son socle. Poncez-le dans sa totalité, puis peignez les deux côtés du socle. Retournez le nichoir et peignez l'avancée du toit en gris. Remettez-le à l'endroit pour peindre le perchoir et le toit.

2 Lorsque le toit est sec, peignez le reste en blanc cassé, en n'omettant aucune surface (attention autour du perchoir). Respectez une fois encore le temps de séchage avant de fixer le nichoir sur son socle.

3 Décalquez la silhouette p. 110, et reportez-la sur la planchette de 15 cm sur 23 mm, chaque carré mesurant 2,5 cm de côté (mais n'hésitez pas à créer vos propres motifs!). Découpez les quatre consoles à la scie sauteuse et passez-les au papier de verre. Percez et forez un avant-trou dans les parties horizontales et verticales des consoles.

4 Alignez chaque console sur l'extrémité du poteau et vissez-la. Bouchez les trous à la pâte à bois et peignez le tout. Après séchage, placez le nichoir sur les consoles, en insérant les vis à travers le socle et dans les avant-trous. Le poteau doit être enfoncé d'au moins 40 ou 50 cm dans le sol, à moins que vous ne préfériez lui adjoindre d'autres supports.

DÉCORATION DU NICHOIR

Nous avons choisi ici une peinture réservée aux travaux d'intérieur. Après quelques semaines, votre nichoir aura pris une patine détrempée très rustique ! Peut-être préférerez-vous miser sur la durée et utiliser une peinture spéciale extérieur ou encore une teinture pour bois ; dans ce dernier cas, recouvrez le tout de deux ou trois bonnes couches de vernis spécial extérieur.

PLATE-BANDE SURÉLEVÉE

Offrez à vos herbes aromatiques une situation privilégiée! Un emplacement lumineux
aux abords de la cuisine est idéal pour y édifier ce jardin particulier,
qui embaumera l'air de fragrances méditerranéennes.

MATÉRIEL

seau

truelle langue de chat

truelle de briqueteur

équerre

massette

ciseau à briques

taloche

pelle

niveau à bulle

mètre à ruban

FOURNITURES

❖ 128 briques de récupération

❖ 50 kg de ballast ou gros agrégat

❖ 25 kg de ciment

❖ 50 kg de sable fin

❖ Liquide détergent pour vaisselle (voir p. 58)

❖ Vieux carreaux de terre cuite, entiers ou non, d'au minimum 10 × 5 cm

❖ Gravier

❖ Compost

❖ Galets

❖ Plants de romarin, thym, sauge, ciboulette, d'origan, etc.

carreaux
empilés

encorbellement

chantepleure

NOTES

Le ciment est irritant pour la peau : portez toujours des gants lors des manipulations.

Organisez votre temps au mieux en lisant d'abord nos conseils p. 104.

PRÉPARATION - ÉTAPES 1 À 4

1 Une fois déterminé l'emplacement de la plate-bande, nettoyez ou désherbez une aire de 90 × 90 cm. Pour la niveler, creusez sur 15 cm environ et aplanissez par un mouvement de va-et-vient du fer de la pelle.

2 Disposez des briques sur le pourtour en laissant entre chacune un bon centimètre d'écart, de telle sorte qu'il n'y ait aucune coupe à effectuer. De cette manière, vous n'aurez pas de brique à couper sur les rangées suivantes.

3 Marquez leur emplacement en enfonçant le fer de la pelle autour des briques, sur les deux côtés, puis retirez-les. Creusez une tranchée entre vos marques, sur 15 cm de profondeur environ. Il reste au centre un carré de terre qui permettra le drainage de la plate-bande.

4 Préparez le béton destiné aux fondations, en utilisant votre pelle comme unité de mesure : faites un monticule avec dix parts de ballast et deux parts de ciment. Mélangez intimement les deux matériaux en retournant le tas avec la pelle (voir ci-dessous). Lorsque vous gâchez du béton sur un sol dallé, nettoyez-le sans attendre après la fin des opérations.

PRÉPARATION DU BÉTON

Pour de solides fondations, le béton doit être épais : ajoutez l'eau avec parcimonie lors de l'étape 5, car le mélange doit juste se détacher de la pelle sans être détrempé. Le béton épais peut accueillir la première rangée de briques avant sa prise complète, (voir p. 104). En cas de surdosage d'eau, rajoutez ciment et ballast en respectant les proportions (étape 4).

MONTAGE - ÉTAPES 5 À 8

5 Creusez un cratère au sommet du tas et versez-y l'eau progressivement. Poussez les matériaux secs vers le cratère et retournez plusieurs fois le tas jusqu'à l'obtention d'un mélange épais (voir nos conseils p. 103).

6 Mettez le béton dans un seau et répartissez-le dans la tranchée, en une couche régulière d'environ 10 cm d'épaisseur.

7 Nivelez-le en le compactant le plus possible, par tapotements appuyés de la taloche.

8 Préparez le mortier avec cinq parts de sable fin et une part de ciment, retournez le tas plusieurs fois pour obtenir une couleur grise uniforme. Ajoutez juste assez d'eau pour que le mortier n'adhère pas à la pelle. Chargez la truelle de mortier et faites-le glisser sur la semelle de béton ; faites aller et venir la truelle d'un bord à l'autre des fondations, pour créer des dentelures à la surface du béton.

FONDATIONS SOLIDES

Plus le temps de prise est long, plus les fondations sont solides ; c'est pourquoi – malgré le titre de ce volume – il vaut mieux mener cet ouvrage à bien sur deux week-ends. Protégez les fondations d'une bâche de plastique en attendant la deuxième phase des travaux, qui interviendra au moment idéal pour garantir à votre ouvrage une grande stabilité, et donc une longévité accrue.

MONTAGE - ÉTAPES 9 À 12

9 Commencez par un angle ; posez en appuyant la première brique sur la semelle de mortier. Appliquez du mortier sur la boutisse (petit côté) de la deuxième brique. Imprimez un cran dans le mortier en y poussant la pointe de la truelle, améliorant ainsi la cohésion des briques. Poussez la brique contre la première tout en l'enfonçant dans le lit de mortier.

10 À l'aide de l'équerre exécutez les angles droits, et tapez les briques du manche de la truelle afin de les mettre bien en place. Posez la rangée suivante en recouvrant la première d'une couche de mortier, sans oublier d'alterner la position des joints (voir ci-dessous).

11 La quatrième rangée (la première au-dessus du niveau du sol) doit comporter des chantepleures (voir nos conseils p. 106). Édifiez votre rangée comme précédemment, mais n'apposez pas de mortier sur les boutisses des briques se situant au milieu de chaque mur. Ne tassez pas ces briques contre les autres, mais laissez au contraire un espace à leurs extrémités.

12 Vérifiez l'horizontalité des murs avec le niveau. Posez-le sur les briques, et du manche de la truelle tapez sur les plus hautes pour les aligner avec les autres.

CONSEIL DU PROFESSIONNEL

Le briquetage semble un jeu d'enfants lorsque l'on voit des maçons à l'œuvre, mais le débutant doit s'y prendre avec lenteur et minutie pour obtenir un résultat correct. Posez la première brique sur le mortier, enduisez la boutisse de la deuxième et appliquez-la contre la première. Tapez la boutisse opposée du manche de la truelle, puis posez la brique suivante. Ôtez le mortier refoulé sur les côtés avec la truelle et récupérez-le. Vérifiez fréquemment l'horizontalité des murs.

MONTAGE - ÉTAPES 13 À 16

13 Lors du montage de la cinquième rangée, aménagez de chaque côté des interstices destinés à l'installation de diverses plantes : posez la brique d'angle, puis laissez un espace de même longueur avant de poser la suivante. Retirez bien l'excès de mortier à la truelle.

14 Ces larges interstices vont être décorés par un empilement de vieux carreaux (voir schéma p. 102), de dimensions 5 × 10 cm environ. Si vos carreaux sont trop grands, n'hésitez pas à réduire leur dimension : tenez un carreau dans une main et de l'autre frappez-le du bord de la truelle, jusqu'à ce qu'il ait atteint la taille désirée.

15 Posez un peu de mortier au centre de l'interstice, puis placez-y une pile de quelques carreaux, le tout devant atteindre l'épaisseur d'une brique. En continuant votre rangée de briques, laissez sur chacun des quatre murs un espace vide où vous placerez une nouvelle pile.

16 Laissez de nouveau un espace sur la rangée supérieure, en le décalant pour qu'il ne se superpose pas au précédent. Vérifiez la verticalité de vos murs, et corrigez si nécessaire par petits coups de manche de truelle. Poursuivez votre ouvrage, qui comporte six rangées au-dessus du niveau du sol.

CHANTEPLEURES

Très simples à réaliser, elles assurent le drainage de la plate-bande. Il suffit de ne pas apposer de mortier au niveau des joints de boutisse lors du montage de la première rangée de briques. En l'absence de drainage le sol se détrempe, et rares sont les plantes capables de le supporter. Six de ces chantepleures suffisent pour cet ouvrage ; adaptez leur nombre à la taille de votre édifice, si vous souhaitez une plate-bande plus spacieuse ou plus modeste.

MONTAGE - ÉTAPES 17 À 20

17 Les deux dernières rangées forment l'encorbellement de la plate-bande, car les briques débordent sur l'extérieur des parois. Étalez le mortier et posez une simple rangée de briques, en les décalant d'environ 2,5 cm, de manière à former une couronne surplombant les murs. Commencez par un angle, la première et la dernière brique débordant sur deux côtés.

18 Comptez quelques briques supplémentaires à cause de l'encorbellement. Vous aurez sans doute besoin de couper une brique en deux ou trois morceaux pour terminer la couronne. Coupez-la aux bonnes dimensions à l'aide du ciseau à briques et de la massette. Superposez une deuxième rangée en utilisant la même technique.

19 Laissez le mortier prendre pendant 30 minutes. Passez au creusement des joints : le fer de la truelle étant tenu en diagonale à la surface du joint, suivez le sillon en appuyant, ce qui crée un joint oblique. Faites de même pour tous les joints, horizontaux et verticaux.

20 Retirez tout excès de mortier dans les chantepleures avec la truelle langue de chat. Nettoyez les murs par un vigoureux brossage et laissez à votre ouvrage une nuit pour se solidifier.

ENCORBELLEMENT ORNEMENTÉ

Rien ne vous empêche d'orner l'encorbellement avec originalité. Montez-le en briques de plusieurs couleurs, en alternant par exemple une brique ordinaire et une brique d'un coloris différent.

La texture des briques permet également des variantes : d'anciennes briques vernissées où jouent ombre et lumière attirent l'œil et mettent en valeur votre plate-bande et son contenu.

MONTAGE - ÉTAPES 21 À 24

21 Déposez au fond de la plate-bande une couche de gravier d'environ 5 cm, et remplissez-la de terreau non tourbeux jusqu'aux premières ouvertures. Installez-y vos plantes l'une après l'autre, et de l'intérieur tassez bien le terreau autour des racines.

22 Glissez derrière chaque plante un gros morceau de carrelage qui empêchera le terreau de s'échapper par les ouvertures. Tassez bien tout autour.

23 Placez d'autres morceaux de carrelage derrière les piles décoratives, et tassez le terreau tout autour. Décorez tous les orifices en alternant vieux carrelages, galets, plantes aromatiques.

24 Achevez le remplissage de votre plate-bande lorsque tous les orifices ont reçu leur garniture. Vos derniers plants se chargeront de coloniser la surface de votre plate-bande.

CHOIX DES PLANTS

Les plantes méditerranéennes apprécient les sols bien drainés : repiquez romarin, thym, marjolaine, origan... Variez les parfums en leur joignant ciboulette, aneth, estragon, voire un petit laurier-sauce. La menthe doit être isolée dans un pot, car ses racines sont très envahissantes. Les variétés rampantes de thym, les fraises des bois, les hélianthèmes fleuriront votre ouvrage. Pensez à installer dès l'automne quelques bulbes qui s'épanouiront début avril.

APPENDICE

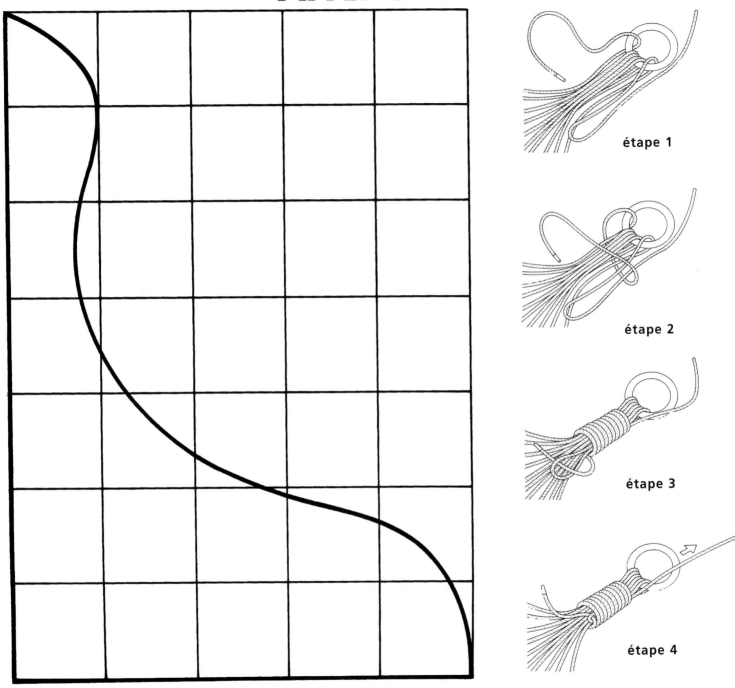

étape 1

étape 2

étape 3

étape 4

INDEX

Remerciements

L'auteur souhaite exprimer sa gratitude aux personnes suivantes,
pour leur aide précieuse et leurs efforts constants :

Sally Walton mon épouse ; **Stephanie Donaldson** pour son travail
de conception et pour nous avoir ouvert les portes de sa demeure ;
Jack Howell et **Paul Roberts** pour leurs talents d'artisans ;
et **Steve Differ** qui n'a jamais ménagé ses coups de main.

L'éditeur remercie également **Joanna Stawarz** et **Philippe Letsu** pour
leur collaboration artistique ; **Belinda Weber** pour sa collaboration
éditoriale ; il ajoute des remerciements spéciaux
pour **Emile** et **Felix McKenna**.